U0933524

新媒体视角下大学生思政教育创新探索

杨 娉 著

中国纺织出版社

图书在版编目（CIP）数据

新媒体视角下大学生思政教育创新探索 / 杨娉著
. -- 北京：中国纺织出版社，2018.10（2025.5 重印）
ISBN 978-7-5180-4366-8

Ⅰ. ①新… Ⅱ. ①杨… Ⅲ. ①大学生—思想政治教育—研究—中国 Ⅳ. ① G641

中国版本图书馆 CIP 数据核字（2017）第 292118 号

策划编辑：武洋洋　　　　责任印制：储志伟

中国纺织出版社出版发行
地址：北京市朝阳区百子湾东里 A407 号楼　邮政编码：100124
销售电话：010-67004422　传真：010-87155801
http://www.c-textilep.com
E-mail:faxing@e-textilep.com
中国纺织出版社天猫旗舰店
官方微博 http://www.weibo.com/2119887771
河北晔盛亚印刷有限公司印刷　　各地新华书店经销
2018 年 10 月第 1 版　2025 年 5 月第 8 次印刷
开本：787×1092　1/16　印张：6.125
字数：100 千字　定价：72.00 元

前　言

随着科学信息技术的迅猛发展，以移动互联网为代表的新媒体迅速渗透到了社会生活的方方面面，并对人们的生活、行为和思维方式形成了深刻而广泛的影响。当前，新媒体已经深入高校的各个层面，改变着大学生的生活方式和学习方式，对他们的行为和思想观念产生了显著的影响。在高校教育教学工作中，大学生思想政治教育是不可忽视的一个重要环节，搞好大学生思想政治教育是高校必须要全力推进和实践的，而新媒体时代的到来也为大学生思想政治教育带来了全新的机遇和挑战。中共中央办公厅、国务院办公厅印发的《关于进一步加强和改进新形势下高校宣传思想工作的意见》也指出，要创新网络思想政治教育，要推进辅导员博客、思想政治理论课教师微博、校务微博、校园微信等网络新媒体建设，以进一步扩大高校主流思想舆论，充分发挥新媒体在大学生思想政治教育中的作用。

大学生思想政治教育应与时俱进，深入研究新媒体在大学生思想政治教育中的影响和作用，积极探讨新媒体视角下大学生思想政治教育创新的思路、策略和途径，进一步提高大学生思想政治教育的教育实效性。

本书在结构上共分为六章，第一章主要阐述新媒体的相关问题，主要是其概念、特征、发展情况和主要价值影响；第二章主要研究并分析新媒体对大学生思想道德观念、心理健康、行为以及群体存在方式的深刻影响；第三章主要研究并分析新媒体视角下大学生思想政治教育面临的机遇、挑战以及应对机制；第四章主要研究并分析新媒体视角下大学生思想政治教育创新的基本理论问题；第五章主要分析和研究新媒体视角下大学生思想政治教育创新的主要思路与策略；第六章研究并分析新媒体视角下大学生思想政治教育创新的路径选择，其中主要是通过互联网、即时通信以及易班网络等三个方面进行回答和阐述。

本书对新媒体视角下的大学生思想政治教育进行了深层次、多角度、较全面的研究和探讨，希望能够为新媒体环境下高校的思想政治教育的创新发展提供些许帮助。

本书在撰写过程中参考和借鉴了大量学者的资料和文献，在此一并表示感谢。由于作者水平有限，书中难免存在疏漏与不妥之处，恳请广大读者批评指正。

作　者

2018 年 5 月

目　录

绪 论

一、研究背景和研究意义

（一）研究背景

大学生思想政治教育总是处于复杂多变的社会物质和精神环境之中，这种环境直接关系到大学生思想政治教育能否取得实效及其实现的程度。从改革开放后，随着社会主义市场经济体制改革的深入推进，社会利益主体和观念的多样化使得大学生在思想信息方面获取的开放性、平等性和主体性意识增强，大学生思想政治教育顺应这一时代的变化，积极探索并转变传统的教育模式，在培养大学生的全面素质中发挥了不可替代的重要作用。

进入21世纪以后，随着科学信息技术的高速发展，社会进入了新媒体加速发展时代，手机、网络、数字、触摸等新媒体进入了千家万户，这些都进一步改变着大学生思想政治教育的主客观环境，尤其是人们更加习惯于个性化、隐蔽化、碎片化等方式获取思想信息，也深刻地影响着大学生的思想、行为和学习。因此，在新媒体无处不在的环境下，高校大学生思想政治教育要勇于面对，积极更新观念，抓住新媒体为大学生思想政治教育带来的新的发展和创新机遇，认真研究如何才能最有效地利用新媒体为开展大学生思想政治教育服务，在实践中切实增强大学生思想政治教育实效，促进大学生健康成长成才。

1967年，美国哥伦比亚广播电视网络技术研究所所长戈尔德马克发表了一份关于开发电子录像商品的计划书，在计划书中把电子录像称为“新媒体”，此后“新媒体”一词在全世界广泛沿用开来。新媒体相比传统媒体而言，在信息的传播上具有明显的优势，因此在大学生群体中广为使用，现已逐渐发展成为了大学生信息获取和交流的一个重要渠道和平台，这就为大学生思想政治教育创新工作提供了新的机遇和可能。然而，就另一方面来看，新媒体却也显示出一定的“破坏力”。新媒体的传播速度快、覆盖范围广，管理和监控等难以实现，因而极有可能会影响和改变原有的人际交往要素的制约，使各种不良、负面信息在大学生群体中散播，此外，还有可能会加重西方对我国主流意识形态的侵蚀和破坏，严重削减了大学生思想政治教育的正向效果。在此情况下，要发挥新媒体之于大学生思想政治教育的有效作用，促进大学生思想政治教育的可持续发展，就必须全面了解和研究如何运用新媒体的特点和优势。

（二）研究意义

研究新媒体视角下大学生思想政治教育创新可谓是意义深远，这主要体现在以下几个方面：

首先，是信息化时代的现实需求。4G时代，手机和计算机在大学生当中应用广泛，新媒体也以迅猛之势渗入了大学生的学习和生活之中。大学生通过新媒体搜寻信息、收发短信、聊QQ、聊微信、发微博、看微电影、网上购物，生活可谓是多姿多彩。新媒体以其在大学生中的足够影响力逐渐改变了他们原有的生活习惯和学习习惯，同时也对大学生的道德品质、思想观念的形成产生了极大的影响。因此，在新媒体环境下进行大学生思想政治教育，只有认清教育的新形势，全面了解和深入研究大学生的思想实际和动态，把握新媒体环境下新的教育方法和技巧，才能打开大学生思想政治教育的新局面。

其次，是大学生思想政治教育直面挑战与把握机遇的需要。当前，大学生思想政治教育主要面临以下四个方面的挑战：一是新媒体的迅猛发展改变了信息传递和获取过程中的既有结构，极大地冲击和动摇了教师的权威性以及主导地位；二是新媒体传播的虚拟性使思想教育在大学生的思想道德方面的约束教育功能越来越弱；三是新媒体的隐蔽性、不可控性等使大学生思想政治教育难度加大；四是新媒体要求思想政治教育者具备更高的能力和素质。与此同时，新媒体也为大学生思想政治教育带来了新的发展机遇和可能，这主要表现在以下四个方面：一是新媒体打造了一个更广阔的思想政治教育平台，为大学生思想政治教育提供了新的载体；二是新媒体有效地增强了教育者和受教育者的交互性；三是新媒体的运用可以进一步提高大学生在思想政治教育过程中的自主性；四是新媒体形成了大学生思想政治教育的教育合力。因此，充分认识和把握新媒体视角下大学生思想政治教育面临的机遇和挑战，进一步创新、丰富和发展大学生思想政治教育的理论和实践，使得本论题的研究具有一定的应用价值和现实意义。

最后，是拓展大学生思想政治教育理论研究的现实需要。随着移动互联网技术的日益完善，新媒体已不可阻挡地介入教育教学中，随之而来已有越来越多关于新媒体、新媒体与教育教学、新媒体环境下的思想政治教育等方面的理论研究和实践探讨，这为进一步深入研究提供了经验和基础，也必将进一步推动认识新媒体环境下的大学生思想政治理论课教育规律。

二、研究现状综述

（一）国内研究现状综述

近年来关于新媒体与大学生思想政治教育，在以下方面已形成共识：一是新媒体的优越性为大学生思想政治教育搭建了一个全新的、更广阔的平台；新媒体的快捷性和灵活性进一步丰富了大学生思想政治教育的手段；新媒体的虚拟性和匿名性提高了大学生思想政治工作的实效性；新媒体信息传播的互动性增强了大学生思想政治教育的自主性等。二是新媒体技术的多元化要求大学生思想政治教育要创新教育观念和发展理念；新媒体技术的信息无序性要求着重加强网络舆论的监控以及对大学生的思想政治的正面引导；新媒体技术的主客体平等性要求教育要以人为本，重视大学生的主体地位；新媒体技术的快速更新要求加强工作队伍建设，全面提高教育工作者的能力和水平等。在此基础上涉及的相关问题，都还需要进一步深入去研究和探索。

通过梳理发现，近年来关于新媒体环境下大学生思想政治教育的相关问题，国内众多的学者、研究者从多个层面进行了探讨，使得这一问题成为近年来高校思想政治教育研究的重要内容之一。在 2008 ～ 2016 年的 CNKI 数据库中，以“新媒体”和“大学生思想政治教育”为关键字的论文（包括硕士、博士论文），就从 2008 年共发表 529 篇，发展到 2016 年的 2331 篇。这些研究主要集中在新媒体给大学生思想政治教育带来的新的发展机遇和挑战，新媒体环境下大学生思想政治教育中存在的主要问题以及相关对策，新媒体环境下大学生思想政治教育的策略与方法，新媒体环境下大学生思想政治教育的途径等，并相继取得了一定的成果，为以后的深入系统的研究提供了借鉴作用和进一步研究的基础。

（二）国外研究现状综述

（1）从国外来看，欧美等国家没有明确的提出“思想政治教育”这方面的概念，他们的高校中大多是对大学生进行“国民精神教育”、“道德教育”、“宗教文化教育”等，但是我们不难发现，西方等国家事实上仍然进行着相关的大学生思想政治教育，只是表现形式不同，主要有以下几方面的特点：一是思想政治教育的整体性，比如美国，他们在教育中十分重视校园、学校以及家庭之间紧密联系，形成了整体性的思想政治教育网。二是宗教地位凸显，比如英国，他们的公民教育之中渗透着宗教的作用，引导学生树立正确的人生观、世界观和价值观；三是教育的政治功能突出，比如日本，在他们的思想政治教育中政治色彩极为浓厚，强调让国民懂得增强国家的政治分量，其次才是增强国家经济实力。这些经验与成果值得我国学习借鉴。

（2）国外虽然不明确提出“思想政治教育”，国情也与我国不同，但关于新媒体环境下的意识形态研究却起步较早，而且视角更加广泛和深入，不管是从传播学、文化学还是政治学方面，对新媒体的研究都为我国新媒体环境下的大学生思想政治教育提供了一定的借鉴。例如从文化角度分析方面：英国伯明翰大学文化研究中心的赛迪·普莱恩教授在《论手机》一文中指出：移动通信技术将会打造一个全新的文化领域，并对社会和人类生活形成强烈影响。《世界是平的》中，托马斯·弗里德曼讲述了网络世界中各国之间的文化碰撞和融合，并论述了如何通过新媒体的方式来有效传播和发展区域文化。从新媒体的作用方面:《数字化生存》中，尼葛洛庞帝指出计算不再仅仅与计算机相关，更是在人类生存中起到决定作用。美国学者阿尔温·托夫勒认为：只要控制了网络和信息，就能拥有整个世界。最著名的是曼纽尔·卡斯特尔的“信息时代三部曲”《信息时代：经济、社会和文化》，即《网络社会的崛起》《认同的力量》《千年终结》，深入剖析了互联网如何深刻影响意识形态的发展，影响政治发展。

三、研究思路与方法

（一）研究思路

对于新媒体与大学生思想政治教育的理论关注，是本书写作的动因与起点。在借鉴国内外相关研究成果的基础上，结合作者多年从事大学生思想政治教育教学工作的实践经历，从对新媒体与大学生思想政治教育的关联的阐释与归因，深入到本质性的分析与归纳，多层次进行了研究与探讨：一是将大学生思想政治教育放在新媒体视角下进行全方位具体的阐释和分析；二是归纳和总结了当前新媒体对大学生成长和发展的主要影响，以更好地探索新媒体之于大学生思想政治教育创新的有效思路与策略；三是从实践中如何利用有代表性并行之有效的新媒体手段与资源，探索新媒体视角下大学生思想政治教育创新的具体路径。

（二）主要研究方法

1. 跨学科研究法

本书的研究以科学发展观为指导，综合运用了思想政治教育学、传播学、心理学等多门学科的方法和理论，进行综合研究。

2. 文献研究法

根据本书的研究目的，通过搜集整理和鉴别获得资料，进而全面正确地了解和掌握所研究的问题。运用此方法了解掌握新媒体视角下大学生思政教育创新的相关问题，为展开研究提供理论依据。

3. 理论与实践相结合的方法

理论对实践具有指导和预见作用，实践又为理论的提炼奠定了坚实基础。本书写作除了理论研究，还有大量来自教育实践的经验总结。

第一章　新媒体相关问题阐述

近年来，信息科学技术的发展十分迅速，而与此同时传媒技术也日渐发达，受到了人们的普遍关注和青睐。新媒体时代的到来，给整个社会带来了新的技术和新的理念。

一、新媒体的含义与特征

新媒体对于我们而言并不陌生，它遍布于社会生活的方方面面，比如新颖实用的手机移动软件、清晰巨大的户外电子屏幕以及实时更新的门户网站等。

（一）新媒体的含义

P. 戈尔德马克（P.Goldmark）是 NTSC 电视制式的发明者，同时也是美国 CBS（哥伦比亚广播电视网）技术研究所所长，他曾在 1967 年发表了一份有关开发电子录像商品的计划书，而“新媒体”也是在此中首次被提出。1969 年，美国传播政策总统特别委员会主席 E. 罗斯脱（E.Rostow）在向尼克松总统提交的报告书中，也多处使用“新媒体”一词。因此，“新媒体”一词在美国社会上得以广泛使用和流传，并逐渐扩散至其他国家乃至全世界，然而到目前为止对于新媒体一词人们并没有给出统一的明确的定义和解释。

美国《连线》杂志对“新媒体”的定义是：“所有人对所有人的传播”，联合国教科文组织则将其定义为：“新媒体就是网络媒体”。在国内，清华大学新媒体研究中心熊澄宇教授认为：新媒体主要包括在线的网络媒体和离线的其他数字媒体形式，它是一种基于计算机处理技术之上出现和影响的媒体形态。新媒体相对于电视媒体和印刷媒体而言更具广度和深度，不仅具有极强的个人性、互动性，同时在感知方式上更具多样性，比从前的任何媒体都更加具有力度。

中国传媒大学宫承波教授认为：“新媒体首先是一个时间概念。”20 世纪 70 年代时的“新媒体”仅仅是指兴起不久的电视。之后的互联网的出现和发展使电视成为了“传统媒体”。在媒介发展史上，每一次的媒介技术变革，都必然会引起“新媒体”信息技术的发展，并在短期内制造出一个新的媒介产品。这些产品被归类于新媒体当中，新媒体的外延不断拓展。此外，新媒体又是一个技术性的概念，目前的新媒体具体而言是指依托互联网技术、移动通信技术、数字技术等新兴科技而产生的向受众提供信息服务的一系列新的手段或工具，种类十分丰富。就传播学来看，新媒体可具体分为新型媒体和新兴媒体。新型媒体主要包括车载移动电视、户外媒体以及楼宇电视等，它是基于传统媒体之上并依托新技术而衍生出来的，并没有从根本上改变其传播形态，然而在传播范围以及它信息质量方面却有了极大的改善和提高。新兴媒体主要以电视媒体、网络媒体以及手机媒体为代表，它是新兴媒体的典型形态。

由此可见，新媒体是与“传统”“旧”等词相对而言的，是一个相对的概念。新媒体的内涵，主要是指在 20 世纪后期的世界科学技术迅猛发展之下，社会信息传播领域出现的建立在数字技术基础上的，不同于传统媒体的信息传播更广、速度更大、传播方式更为丰富的一种新型媒体。就新媒体的外延而言，《中国新媒体发展报告（2010）》将其概括狭义新媒体和广义新媒体两个方面。狭义新媒体与传统媒体迥然不同，它主要包括互联网和移动网络。而广义新媒体中则包含了大量的新兴媒体，主要是指依托于数字技术、互联网以及移动网络而兴起的媒介形式，其中不仅以网络媒体为主要内容，同时还包括了传统媒体运用新技术以及新媒体而形成的新媒体形式。

（二）新媒体的特征

对于新媒体的特征，各个学者和专家都有着不同的见解和认识，在这里主要指出新媒体的 10 大特征：

（1）全域性。更大程度上打破了空间和地域的限制，信息的发布和传播仅依靠设备与传输信号就能有效完成。

（2）全时性。信息的发布随时可行。

（3）全媒体性。除了可运用文字和图片实现信息的传播，同时还附有音频、视频等多触觉通道。

（4）全速性。即传播速度快。

（5）全民性。任何一位民众都能参与到信息的传播过程中去，成为一名记者或一名编辑推动信息的传播。

（6）全渠道性。可使用手机、电脑、短信、应用软件等发布信息，客户端多样化。

（7）全互动性。在信息的传播和发布中，不同的受众群众可针对不同的信息和主题进行讨论，不再是固定的“头版头条”。

（8）去中心化性。每一名用户都能参与到传播的任何阶段中去，并实时发表评论和意见。

（9）去议程设置性。不同的信息发布人可从自己的语言习惯出发传播信息，没有固定的用词模式限制。

（10）自净化性。就目前来看，在新媒体的传播过程中，相较于正面信息，负面信息的传播面积更大更广，但是负面信息通常会有有关人士出面澄清和处理，因此有些负面信息以及误解能够得到遏制。

就以上特征而言，新媒体与传统媒体观念表现出了很大的不同，而只有有效利用和发展新兴技术，才能促使新媒体更好更快发展。此外，新媒体的以下几个特征也需要特别注意：

一是高交互性和平等性。传统媒体就交互性方面来说是比较弱的，媒体的地位往往更高于受众，受众的反馈较为无力。报纸包含编读往来、热线电话环节，电子版本虽也有一些运用，但是却只是作为一个辅助工具来协助信息发布和传播，作用发挥没落到实处；广播电视在互动性方面较差，是一种单向传播，通常信息会源源不断地向受众涌去，但是受众却无法在广阔的信息海洋中选择和筛减自己想要的信息。虽然在传统媒体中也存在着一些互动方式，体现些微互动性，如写信、打电话等，但是它们主要还是单向性的，因为它是在特定的时间向受众传播信息，受众处于被动地位，信息反馈较为无力，信息的流动性较差。

而新媒体则在信息的传播方式上具有双向性，同时相比较传统媒体而言，它的交互性也是极为强大的，是新媒体的一个突出优势。主要表现在以下两个方面：信息的发送者与信息的接受者实现双向交流；在信息交流的过程中，每一名参与的个体都拥有控制权。信息传播者和受众之间的互动更为方便快捷，广泛而深入。受众在信息的交流过程中不再处于被动地位，可采用多种方式发表意见和看法，比如网络群聊、微博评论等。此外还能实现受众的有效反馈，并根据反馈发布者及时对自己的言行进行调整，实现在“任何时候，任何地点，对任何人”的互动传播。如今，不管是电视节目还是广播电台，都极为重视与受众的互动，通过信息、微信、微博等提高受众参与和反馈，体现信息价值。

手机、网络之所以能够得到现代社会人们的普遍认可和接受，成为人们社会生活中不可缺少的重要部分，主要是由于它弥补了报纸、广播等的某些不足和缺陷，使人们能够更全面、方便、快捷地获知信息并自由地表达自己的观点和看法，使信息的传播者和接受者之间形成平等关系，不再一味强调媒体的作用，而是更加注重同媒体以及其他受众的互动发现更多可能，发出更多的声音，影响信息传播者。

二是大容量和易检性。从日常生活中我们可以得出，广播电视在信息发布和传播中有明显的时间限制，报纸版面登载的信息内容也十分有限，这是它们的主要缺陷，而新媒体则完全不存在这方面的问题。不管是哪一个新闻网站，在进行新闻的浏览和查询时，都能发现它的相关信息链接是十分丰富和齐全的，它能够提供给人们传统的平面媒体所不能提供的一些信息，如相关话题报道、专家评价和社会舆论等。同时，它在历史信息查找等方面也显现出了明显的便捷性和全面性。而纸媒体虽可储存，但在查询上却十分不便；电视媒体的查询往往需要借助第三方介质，因为它本身不能暂停阅读和存储。[1]

三是即时性和开放性。电视、报纸等传统媒体在完成信息的发布到反馈这一过程时是需要花费较多的时间的，而新媒体则打破了时间和空间的限制，能够即时地接受和发布信息。新媒体的信息交流是双向的，任何参与个体都有参与权。并且信息的传播和接受可以同时完成，信息的传播者和受众也可以是其中的任何一个参与个体，可以随时对信息进行加工发布。信息的传播有效地打破了时间和空间地限制，同时也不再受限于电

[1] 贾文凤．新媒体的发展及其社会影响 [D]. 四川省社会科学院，2007.

脑终端设备，可以随时随地发布和接收信息。尤其是一些社会焦点问题和突发事故报道中，互联网、手机、微博等的结合，使人们能够全方位、多角度、实时掌握事情的“第一手”资料，这是传统媒体无论如何也无法实现的。

传统媒体在信息的表达上，通常会受到“把关人”的审核，受众获取信息一味依赖“信息采编中心”。尤其是国际之间由于进行文化控制，一些境外媒体的传播受到了严格的规定和限制，因此，通常传统媒体的信息传播仅限于国家和地区范围内传播，达不到全球化传播的标准和要求。而新媒体利用了通信卫星和互联网，传播速度更快，打破了时间和空间的限制，仅依靠信息传播接收设备即可完成信息传播，不管在世界的哪个角落都能获知你想知道的内容。信息发布者本身也能成为互联网的“中心”，可以通过博客、播客等发布视频、音频、图片等，并就信息发布自己的见解和评论。用户可以利用搜索引擎以及标签聚合等网络应用，在不同的网站并采用不同的信息渠道直接搜寻和查找信息，真正实现“空间无屏障”“资讯无屏障”。

另外，新媒体还表现出明显的“草根化”特点，这也是其开放性的一种体现。在新媒体中没有身份地位限制，每一个人都能建立和形成自己的独属空间，并在这个空间中自由地发表自己的意见和观点。人人都能化身编辑和记者，就信息进行采集、调查和发布，这有效地增加了信息提供者的数量，同时也极大地丰富了网上的信息内容，满足了人们生活各方面的信息需求，开拓了人们的视野，丰富了人们的生活。

四是便捷性和直观性。新媒体与传统媒体的一个明显的区别就在于，传统媒体的报道是线性的，而新媒体则是网状的。通过网络用户之间能够随时随地地进行交易，可以使用不同的机器、与不同地域范围的用户进行交流。新媒体的检索功能方便快捷，信息存储能力极为强大，能够随时随地地存储和检索信息。通过电脑，便可知天下事，行万里路。

随着网络服务器技术以及手机硬件技术的快速发展，两者的信息存储能力将大大增强，最大限度地实现了各种传播形式的“兼容并包”。传播手段的丰富多样，大大增加了受众的可选择性，受众能够根据自己的喜好、需求自由选择图文并茂、有字无声、有声有像等多种形式，同时还能够运用相关软件对信息加以编辑使用，有效运用到生活和工作中去。

新媒体可以实现图像、音频、文字、画面的一体。一条信息的存储可采用到多种多样的文本形式，也可以制作成声音、图形、活动图像，根据用户需求将信息进行形式转化，具有极强的娱乐性、直观性以及形象性。

科学技术的高速发展，进一步开发和拓展了手机和网络等新媒体的功能。手机媒体的使用，从短信、通话到彩铃、彩信；从头条新闻到手机报纸；从游戏互动到音乐下载；从电话订票到手机绑定支付……同样，运用互联网，用户可在微博、博客、BBS等平台上自由地发表见解和评论；运用多媒体直播间、文件多种形式进行信息的传递等。通过新媒体，各种信息都能得到即时地传送和传播，形式更具多样性和直观性。

五是个性化。传统媒体的信息传播主要是采用以“点对面”的方式完成，不能为个体单独制作、出版和播放。而新媒体则提供了“点对点”的信息传播服务，传播者可采用“信息推送技术”为受众提供多样的个性化服务。在网络中，信息终端地址是固定的，例如QQ号、邮箱地址等，信息传播者可根据固定地址明确受众对象并进行信息的传播。此外，受众也可利用形式多样的检索工具，在各类数据库中搜寻所需信息；可以选择信息的接受地点、接受时间和媒介的表现形式。因此，用户对信息享有绝对的控制权，能够根据自己的需求、喜好等专门选择、定制和检索相关信息，制定个性化服务，也使得信息的传播者和接受者地位趋于平等，实现对等的、相互的个性化交流。“每个人都可以用一个私有的可信赖的传播载体，每个用户都是消息源，取消了门户的限制。”❶在新媒体中，用户都拥有可以展示自己的工具，如微博和博客等，通过这些方式人们可以成为一名编辑，成为一名记者，成为有关信息的发布者，自由地表达观点和意见，传播自己所获得的、关注的信息。

二、新媒体发展情况分析

（一）全球新媒体发展现状与思考

1. 全球新媒体发展现状

社会进步实质上是依靠先进的生产力来进行推动，而科技文明只有在适应了人类需求的不断更新的前提下才能被人们认可和依赖。媒体是历史发展的必然产物，媒体的各个阶段的改革发展和成长过程，都具有历史必然性。现今，社会经济发展迅速，科技文明也随之不断发展和变化，新媒体在这一时代的发展中占据着重要的地位和作用。

瑞典互联网市场研究机构Pingdom在2013年1月17日曾列出一组数据，详细介绍了全球新媒体的发展情况。在互联网方面，到2012年底，全球互联网用户达24亿，其中北美洲达2.47亿，欧洲达5.19亿，而亚洲多达11亿。其中亚洲用户又以中国居多，高达5.64亿，为全球互联网用户最多的国家。在移动新媒体方面：全球手机用户达50亿，其中智能手机用户11亿，拥有电子阅读器或平板电脑的美国互联网用户达31%；在主要的几大网站中，微软MSN网站领先谷歌和雅虎，全球用户总数为5.386亿。在搜索引擎方面：2012年谷歌网站全年搜索次数为1.2万亿。在社交媒体方面：Facebook每月活跃用户数达到10亿，高居全球社交媒体之首。

2. 对全球新媒体发展的深入思索

如今，在全球范围内新媒体深入发展，新媒体给人们的生活、学习和工作带来了深刻的发展和变革。新媒体时代的发展方便了人们生活，同时还增加了人们对新媒体发展对世界信息与传播秩序的影响的关注度，特别是对西方某些不符合中国国情的意识形态的传入表示了深深的担忧。

❶ 振祥．新媒体的价值影响与大学生思想政治教育[J]. 中国校外教育，2008(8).

第二次世界大战后一直到今天，在传统媒体领域英美等发达国家始终占据着主导地位，因此，虽然新媒体的发展奠定了国际传播新秩序的基础，但是发达国家仍在新媒体领域占据着绝对的优势。比如，谷歌在非洲地区进行了业务拓展，使非洲的网速得到了极大的提高和改善，资费也随之降低，同时，还协助实现了非洲的一些国家政府的信息数据化。因此，谷歌能够在非洲地区占据极大的数据市场份额，若是不加以监管任其发展，那么在不久的将来谷歌极有可能主导非洲的整体网络系统。

可见，西方发达资本主义国家不仅在传统媒体格局中垄断了国际传播话语权，同时还在网络时代企图依靠资本和技术等来操控新媒体时代的国际传播秩序。若是任由这种趋势继续发展，那么将会极大地影响到发展中国家的公正、和平的外交环境的有效建立。在 2014 年中央网络安全和信息化领导小组的第一次会议上，习近平总书记指出“网络安全和信息化是事关国家安全和国家发展、事关广大人民群众工作生活的重大战略问题”。因此，广大发展中国家必须要提高对新媒体发展的认识，把握新媒体发展面临的主要问题和严峻形势，奋起直追，坚定不移，勇于创新，不断提高媒体发展软实力，制定与自身实际相符的发展战略，维护国家信息安全、主权安全。

（二）我国新媒体发展历程

我国的新媒体起步较晚，但发展速度较快，拥有和形成了传统媒体所无法企及的庞大用户群及影响力。

1. 网络新媒体的发展

1994 年，我国首次开通了与国际互联网的网络通信，成为了国际互联网中的成员。

1995 年，张树新创立“瀛海威时空”，这是我国首家互联网公司，至此我国民众才进入互联网。

1997 年是中国的“互联网元年”，互联网在我国迅速发展，用户规模呈半年翻一番的速度增长。

1999 年到 2000 年，我国互联网网站兴起，网民数量不断增长。至 2000 年 7 月，网民数量达 1690 万，CN 注册域名达 9.9 万个。

在新世纪初期，中国正式进入了新媒体时代；网民数量不断增加；有 162 家具有新闻登载资格的网站，有 1400 多家新闻单位提供网上新闻服务。之后，《人民日报》网络版改为人民网，新华社网站改为新华网，中央电视台网站则就其体制与投资方面进行了调整；电信部门成立了信息服务网站；许多省市开始了股份制联合办网，如北京的千龙网等。此外，有线网络的数字化技术走向成熟，在 2003 年广电总局确立了构建服务平台、传输平台、监管平台、节目平台的完整数字电视体系和在同一时间、统一完成一定范围内有线电视用户的数字化目标。

2005 年至今，我国的网络媒体走向成熟发展期，网民数量迅速增长。中国互联网络信息中心（CNNIC）公布了第 39 次全国互联网发展统计报告。报告显示，截至 2016 年

12 月，我国网民规模达 7.31 亿，全年共计新增网民 4299 万人。

2. 手机媒体的发展

手机也称为移动电话，它具体是指在移动状态中，可以在较大范围内使用的便携式电话终端。1978 年，美国芝加哥开通了移动电话通信系统。1979 年，日本建设了世界首个蜂窝移动电话网。1982 年，欧洲研发了“GSM”，它是泛欧洲的数字蜂窝移动通信系统[1]。当时的手机并不算是“媒体”，因为其仅仅用于移动中的语音通话。

1987 年，中国移动通信开通了 900MHz 模拟移动电话业务。

2000 年 5 月，中国移动通信开通短信服务。随后，开设“彩信”增值业务。

2004 年 2 月 24 日，人民网推出我国第一家以手机为终端的“两会”无线新闻网；2004 年起，中国联通和中国移动提供手机视频服务；2004 年 7 月 18 日，中国妇女报推出中国妇女报(彩信版)，它是我国首家手机报；2004 年 11 月，我国首部手机小说《距离》上线；2005 年 3 月，北京开机拍摄我国首部用胶片制作的专供手机播放的连续剧《约定》；2005 年 9 月，中央电台与联通和闪易合作开通“手机广播”；2006 年 11 月 7 日，新华社开通“新华手机报”[2]。

进入 4G 时代，手机与互联网的联系不断加深，在信息传播与文化娱乐领域，手机逐渐显示其不可忽视的重要作用。并且，手机具有轻便易携带、价格实惠、功能齐全以及操作简单等诸多功能，因此，相比电脑而言，手机更受人们欢迎，与人们的生活更加密切。尤其是近年来，移动互联技术发展快且趋于成熟，手机逐渐发展成为中国第一大网络终端，开启了中国移动互联时代的大幕。《第 39 次中国互联网发展状况调查统计报告》中表示：截至 2016 年 12 月，我国手机网民规模达 6.95 亿，较 2015 年底增加 7550 万人，网民中使用手机上网人群的占比由 2015 年的 90.1% 提升至 95.1%。除网络、手机以外，同时还存在着一些受到新技术冲击或在新技术参与之下逐渐演变形成的新媒体形态，如数字电视等，在我国也同样拥有广阔的市场和发展空间。

(三)新媒体未来的发展趋势

新媒体是人类需求之下必然产生的结果，是信息技术革命的内在产物。恩格斯曾说：“社会一旦有技术上的需要，则这种需要就会比十所大学更能把科学推向前进”[3]对新媒体信息和交流的需要，转化成为一股强劲的推动力促进了新媒体产业的发展。新媒体产业的发展空间较大，且在政府的扶持之下各种管理手段也趋于完善，有良好的外部发展环境。此外，在这一发展过程中，新媒体的一些新的技术和标准不断发现和提出，并且再次为新媒体的发展而服务。

1. 新媒体与传统媒体不断融合，这一特征更加明显

现今，网络媒体的外延不断扩展，各种媒体新形式不断涌现，如博客、微博等；移

❶ 贾文凤. 新媒体的发展及其社会影响 [D]. 四川省社会科学院，2007.

❷ 邵素宏. 扬长互动道路宽——中国手机媒体良性发展道路初探 [J]. 北京电子，2006(1).

❸《马克思恩格斯全集》第 39 卷，北京：人民出版社，1972.

动媒体迅猛发展，日新月异，如集多种新媒体功能于一体的手机。有人曾说：新媒体发展速度惊人，将会导致传统媒体逐渐退出历史舞台。这种看法是不正确的，虽然新媒体发展迅速，但是传统媒体也自有其长处和优势，在短时间内传统媒体不可能完全被新媒体所取代，新媒体的发展更多的是要与传统媒体结合，优势互补，寻求更好的发展。新事物的发展并不是对旧事物的彻底否定和抛弃，旧事物只有积极发挥自身优势，借鉴和学习新事物，才能获得新的发展机遇和发展空间。如《人民日报》这一传统纸质媒体积极创办网络版人民网，新华社创办新华网等。此外，在新媒体中推出了“互联网 +”的行动计划，代表了互联网和新媒体思维的最新实践成果，发挥了在社会资源配置中互联网所起到的优化和集成作用，将互联网的创新成果运用于社会经济之中去，促进全社会生产力的提升，增强了创新和创造能力，形成了更广泛的以互联网为实现工具和基础设施的经济发展新形态，互联网金融、在线影视、在线房产等行业都是“互联网 +”和新媒体相融合的杰作。由此我们可以看出，新旧媒体的融合是一次“再生”，拥有良好的发展前景。

2. 新媒体发展日益成为大众主流媒体

我国将新媒体的发展和传播技术问题列入国家重点规划当中，并从战略布局上确立了新媒体的主流媒体地位。我国“十二五”规划中强调，要加快宽带、安全、融合、泛在的下一代国家信息基础设施建设，全面推动工业化与信息化的充分融合和高效发展，加快经济社会各领域的信息化进程。要全面统筹好新一代移动通信网、下一代互联网、卫星通信、数字广播电视网等的建设布局，形成高智能、超高速、大容量的国家干线传输网络。引导建设宽带无线城市，提高宽带普及率和接入宽带。推动物联网关键技术研发，大力建设云计算服务平台。以广电和电信业务双向进入为重点，实现电信网、广电网、互联网三网融合，促进网络互联互通和业务融合。另外，中央领导也十分重视网络等新媒体的管理运用问题，在首届世界互联网大会的致辞中，习近平总书记指出：“中国正在积极推进网络建设，让互联网发展成果惠及 13 亿中国人民。”

3. 新媒体发展进入“大数据”时代

大数据在媒体传播中的广泛运用，正在使我们的生活、工作与思维发生的大变革，极大地改变了信息生产和传播方式，同时也深刻地改变着媒体格局和舆论生态环境。

大数据的特点是数据量大、数据种类多、要求实时性强、数据所蕴藏的价值大。在各行各业均存在大数据，以教育领域为例，教育 + 互联网是把互联网作为一种工具运用到教育中去，是互联网 + 教育的初级阶段，没有到深度融合。所谓的深度融合就是要实现数据驱动。在 2015 年 5 月召开的“高等教育信息化校长高峰论坛”上，华东师范大学党委副书记、副校长任友群指出：“我们最近一直在谈‘互联网 + 教育’，但‘互联网 + 教育’和‘教育 + 互联网’的区别在哪里？我的看法是：可以说‘教育 + 互联网’是以工作（业务）为核心，‘互联网 + 教育’是以数据为核心。需要指出的是，在我看来，‘教

育 + 互联网’是达成‘互联网 + 教育’的一个阶段，从信息化建设的一般规律来看必定需要走过‘+ 互联网’才能走到‘互联网 +’。”由此可以预见，未来大数据的生产者将会是大数据的拥有者。每个老师都是自己课堂教学大数据的生产者和拥有者，每个院校都会是自己院校课堂教学大数据的生产者和拥有者。将大数据应用于教育教学，才能真正实现教学从工具、内容、管理的全面智能化。

一、新媒体的主要价值影响

新媒体相比传统媒体更具优势，如今已抢占了受众市场，在社会发展和人们生活中显示着独特的价值和意义。新媒体在社会生产力发展以及社会主义核心价值体系建设中发挥了不可忽视的重要作用和影响，但同时也对我国传统的价值观和道德观发出了挑战，带来了一些问题。

（一）新媒体在核心价值建设中的作用

1. 积极作用

在中央网络安全和信息化领导小组第一次会议中，习近平总书记指出：“做好网上舆论工作是一项长期任务，要创新改进网上宣传，运用网络传播规律，弘扬主旋律，激发正能量，大力培育和践行社会主义核心价值观，把握好网上舆论引导的时、度、效，使网络空间清朗起来。”核心价值是民族之魂，是一个民族和国家生生不息的重要精神力量。新媒体可以采取舆论引导、公益事业以及舆论监督等多种方式为社会服务，承担起社会责任，促进社会主义核心价值体系建设。

首先，传递信息，引领社会主流价值观。新媒体时代，人们获取信息往往要通过一定的媒介，引导舆论，强化社会主流价值观就是媒体的一项重要的社会责任。在信息的传播方面，新媒体的信息传播更加及时有效，传播范围也更加深入而广泛，被称作是“意见领袖”，其作用在于积极弘扬社会主旋律，引导社会主流价值观。比如，近年来中国新闻网站加大新媒体建设力度，逐步尝试使用手机电视、电子报、微博、电子杂志、博客等多种多样的新媒体传播方式，这些举措有效地提高了传媒资源优势，进一步强化了在重大事件的传播中的主流媒体地位。至 2009 年，中央重点新闻网站日均页面访问量比 2002 年的访问量增加了 5 倍之多，达 5.3 亿。

其次，反馈信息，搭建平等对话交流平台。交互性是新媒体的其中一个重要特征，在信息的传播过程中，信息传播者与接收者两者之间可以进行交流和平等对话。新媒体的这种开放性、互动性，有利于人们更加快速、有效地掌握“第一手资料”，更深入地了解社会和基层信息，也因此成为群众之间、群众与政府之间、群众与媒介之间重要的交流平台。新媒体现今已经成为了政府管理部门听民意、集民智的重要渠道。

再次，及时报道，形成和谐社会风尚。新媒体具有即时性，在社会的各种新闻报道中，尤其是公益事件报道中，能够通过及时、有效的诉求，来充分激发民众的正义之心、爱国之心以及民族精神，提高人民对社会和国家的关注度，成为社会公益事业的推动者和建设人。例如，在汶川地震中，国内各个网站都实时报道了地震灾情，人民及时了解到了灾区的救援情况，各界社会力量也积极主动地投入到救灾当中去，弘扬大爱精神。《手机报》也实时推送抗震救灾的最新资讯，使人们更加“关心身边的人”，“感动中国”，这些信息的传递有利于推动和谐社会建设。

2. 消极影响及带来的问题

（1）价值取向问题。新媒体体现了大众参与的“草根性”特点，也正是由于参与者的“草根性”以及信息的“无屏蔽性”严重地影响了人们的价值取向，带来了价值观念的多元化、价值目标的现实化和价值理想的个体化。

①价值观念多元化。社会主导价值观是主导社会精神风尚、社会理想信念的灵魂，是维护国家思想文化制度、经济制度和政治制度稳定发展的精神支柱。不管是在哪一个历史时期，或是在怎样一种社会形态下，为了维护阶级统治地位，维护社会稳定发展，统治阶级都会将代表本阶级根本利益的价值观作为社会主导价值观。集体主义价值观在我国的道德领域中始终占据主导地位，树立社会主义理想信念和共产主义理想是人们长期以来的政治追求。然而，在新媒体时代，网络所具有的开放性和不可控性，导致了各种价值理念、文化思想等纷纷涌入并难以控制，这严重冲击了人民长期以来传统的价值观念。此外，一些大众媒介一心追求经济利益，缺少了约束机制的管理和规范，导致了一些消极、腐朽、落后的思想文化涌流，强烈地冲击和影响了人们的价值标准的选择。

②价值目标现实化。价值目标是价值主体所设想的自身实践活动的结果。个人发展与社会发展相统一是科学的人生价值目标的体现，个人当前追求的目标应服从于事业发展的长远目标，个人目标应服从于社会的主导目标，甚至最高目标。在新媒体环境下，网络上充斥着各种各样的信息，其中有正面、积极的，也有消极而落后的信息在削弱着人们的集体主义价值观，滋生极端个人主义、个人本位主义和利己主义。拜金主义和实用主义使部分人的价值观发生改变，有的人奉行“人都是自私的”，认为理想不现实。有的人则极端强调个人本位主义和利己主义，视集体主义价值观和社会理想于无物，在处理与他人关系时奉行“实用、实惠”原则，注重个人存在且强调物质至上。

③价值理想个体化。在传统社会本位价值观中强调全体成员价值观统一，忽视和抑制差异性和个体性。比如，一味强调“义”而忽视“利”，强调“平等”而忽视了“竞争”，这是一种不科学、片面的社会本位价值观，盲目地制造了个人发展和社会发展之间的对立关系。而新媒体时代强调自主性和独立性，人们获取需要的信息来不断进行自我调整，进行自我设计，完成自我发展，这在一定程度上促进了自我价值以及独立个性的生长和发展。例如，多年前的人们自我表现机会较少，也几乎不自夸，但是，现今人们更多地表现自己，也更勇于展现自己的外貌、优点、想法等。博客、论坛微博等为人们提供了展示和表现自己的平台，在新媒体上，一些无法让传统审美所接受的事物也能广为传播。

人们更加重视也越发追求个人尊严、价值和利益，自我意识不断强化，成就欲望和进取精神明显得到提升和加强。

（2）信仰危机问题。我国现今正处于社会转型期，人们的信仰向多元化发展，而与此同时一些西方发达资本主义国家披着对外文化交流的外衣企图在我国宣扬和传播其价值观念和意识形态，意欲由此实现其价值观念的“全球化”的目的，这对人们的信仰造成了一定的动摇和影响，使有些人的价值观念陷入混乱。这主要表现在：现实性信仰开始滋生，有些人只看到了现实生活中物质力量的重要性，坚持物质至上的思想观念；个人利益至上，有些人将实现个人利益视为人生目标，并为此不择手段；宗教信仰开始复苏蔓延，有些人当出现信仰危机时再次寄托于宗教，造成了精神世界的混乱；信仰虚无化严重，有些人将享乐作为人生的唯一追求，人生中完全没有信仰。

（3）社会道德问题。新媒体在一定程度上弱化了社会道德的约束力，淡薄了人们之间的情感交流，一些人完全放纵自身行为，不接受道德责任的约束。

社会道德约束力弱化。一方面，新媒体所传播的信息中，除了含有那些正面、积极的信息，还不可避免地存在着一些消极、落后的文化思想内容，而若是缺乏有效的道德判断力，则人们极易受到这些消极信息的左右，这不利于健全道德人格的培养形成，也不利于个体以及群体道德水平的上升。另一方面，新媒体在信息传播中，打破了地域空间的限制，且由于新媒体的开放性、匿名性和随意性，人们可以匿名、随意行动，在这种环境下人们不受到诸多人伦关系的束缚，容易枉顾伦理道德规范而放纵自己的行为，肆意传播不良、腐朽信息，网络上也充斥着各种诈骗、色情、暴力信息。

现今，网络诚信问题严重。道德和法律作为一种社会规范，必须要有效地建立起来，用以严格约束人们的行为。特定的价值标准和行为准则是在特定的社会环境中产生的，在网络虚拟环境下，道德和法律的约束显然力不从心。网络世界不同于现实世界，现实生活中的道德准则对网络交往的主体很难形成强有力的约束作用，这使得主体之间不讲究诚信，各种心存侥幸和不轨之心的人在网络上胡作非为。随着新媒体的迅速发展，网络诚信问题也日益加深。

人际情感淡漠疏远。新媒体环境下，人们更多地依赖新媒体工具来进行人际交往，如手机短信和即时通信软件等。人们在互相交流中可以采取匿名方式进行，这增强了交流过程中的神秘性和隐蔽性。对此，一些心理学家曾做过专门的调查研究，他们认为网上交流可以匿名形式进行是人们热衷于上网的一个重要原因，在这一交流过程中人们无需承担任何责任，而这一点与现实生活有着明显的不同。因此，人们更多地利用手机、电脑等与他人进行交流和沟通，这能使人们从现实生活中各种框架的限制和约束中摆脱出来，毫无顾忌地尽情释放内心情感，排解情绪。但是，这种对于网络的热衷，容易使人们情感上过于依赖互联网络的信息世界。我们必须认识到的是，在这种媒介符号化的信息传播中，人们面对面的情感交流正在日益减少，这将会严重影响人们现实生活中的人际交往。人们沉迷网络世界，热衷网上交友，却忽视了与身边人的面对面的交流，不与身边人分享喜怒哀乐，却一味依赖网络，长期下去就极易形成各种心理问题，如道德情感匮乏、人际关系冷漠、心理上偏执等。

（4）文化安全问题。文化交流与合作是国际关系中的一项重要内容，提高文化竞争力是国家提高自身的国际地位和影响力的一个重要方面。新媒体是一种文化载体，具有无政府性、开放性和较强的互动性，它进一步地促进了各个国家之间文化的交流、碰撞和融合，然而，新媒体之下也容易引起不同体制以及同一体制下不同国家的文化冲突和斗争，一些西方发达资本主义国家意图实行文化霸权，使得文化交流失去了平等性和交互性，严重威胁了发展中国家的文化安全。

第二章　新媒体与大学生思想、心理、行为和群体存在方式的关联

大学生是使用新媒体最活跃的群体之一，新媒体的传播方式也越来越受到大学生的欢迎，新媒体对于国家、社会等方面的价值影响也在不知不觉中影响着大学生。当前，新媒体在为大学生的生活和学习提供极大的便利的同时，也深刻地影响着大学生价值观以及思想道德观念的培养和形成，改变着大学生的行为和群体存在方式。

一、新媒体与大学生思想道德素质

（一）新媒体时代大学生思想道德素质的特点

1. 个性独立，自我意识强

新媒体为学生营造了一个虚拟的环境，而在这一环境中，大学生的某些在现实生活中无法满足需求可以得到较好的满足。大学生在这样一个虚拟世界中，与他人的交流和沟通是十分方便自由而隐蔽安全的。大学生能够在这里畅所欲言，自由地发表见解和想法，更好地传递自己的情感和认识。因为这一个平台的存在，学生们的独立意识和自主个性得到了较好的发展和增强，此外，还充分地调动了学生的积极性和能动性。

新媒体使大学生的学习和生活更加方便，学生能够随时随地浏览信息、下载学习资料，进一步促进了教学和学习模式的发展和完善。在新媒体中，学生能够自主学习和解决学习中遇到的难题，并根据自己的实际学习情况制订专属的学习计划。大部分学生的学习和生活中是积极的，能够正确面对生活的挫折和困难，坚强地从困境中走出去。

这些学生有主见、有思想，坚持自我奋斗，努力实现自我价值。善于钻研问题、思考问题和解决问题，有自己独特的看法和见解，不盲从和迎合他人，勇于表现自己和展示自己。

需要注意的一个问题是，新媒体信息传播的“无障碍性”，与一些大学生崇尚个性自由和解放的心理是相吻合的，但他们却将这一套准则用于现实生活中，以自我为中心，个人意志过度强化，这是一种不正确的做法，需要加以引导。

2. 价值取向多元，政治信仰淡化

当今，大部分大学生的思想都是比较积极、正面的，对自己的人生价值有深刻的见解和认识，追求个人目标和社会价值的实现。大学生年轻、充满活力，思维活跃，有上进心，能够自觉接受中国主导文化，信仰马克思主义；能够系统地学习并掌握马克思主义基本理论与中国化马克思主义理论成果；高度认同党全心全意为人民服务的宗旨；能

够积极培养和提升自身综合素质，促进全面发展。

新媒体具有开放性，使得信息能够进行多元化传播，同时也加剧了各国之间生活方式、思想文化以及价值观念的碰撞。此外，多元文化也在潜移默化地影响着当代大学生，比如，有些大学生认为人生的最重要的价值在于奉献，但却不能付诸行动；有些大学生对共产主义理想有强烈的认同感，但却又认为共产主义理想希望渺茫。

由成就、官职、金钱至上等价值观组成了部分大学生多元化价值取向。这些价值观与我们的现实生活有着千丝万缕的关系，大学生们普遍向往媒体所宣传的“美好生活”，但是却将好单位、大城市、高收入作为择业标准。这种多元化的趋势将新媒体时代大学生价值取向由相对统一走向差异的特点表现了出来，而且大学生在人生观以及价值观形成过程中会产生极大的矛盾与困惑。

3. 思维灵活，易于接受新事物

新媒体时代的到来，彻底打破了信息垄断的局面。在网络世界中，大学生们可以随时随地的查询和浏览教育、艺术、经济、科学等方面的信息。新媒体使大学生们接触到了更广阔的世界，开拓了他们的眼界，提高了文化知识素养，促进了全面发展。网络在大学生日常学习、生活中显示着不可忽视的重要作用。大学生能够接触到新的事物、吸收新的观点，解放思想，更新固有观念。现今，大学生的日常生活中，微博、微信、QQ等占据了很大一部分。学习、交流方式的改变与创新，造就了当时阶段的思想观念的改变与更新，同时也使得学生们拥有更多的机会认识世界，认识社会，拓宽视野，培养和增强竞争意识。大学生们通过多种渠道和方式的学习，武装头脑，更加自信而强大；能够主动去适应社会的发展与变革，增强了自己的竞争意识，增强了竞争力，促进了全面发展，积极去实现自我价值和目标，服务社会，奉献社会。

4. 追求平等，具有现代意识

新媒体不具有中心化，在这一点上与传统媒体有着很大的区别，它实现了媒体以及受众之间关系的平等。

在获取信息方面，人们能够根据自己的喜好和需求选择不同的平台，获取自己想知道的信息。新媒体对每一个人的网上交友聊天、知识技能学习、学术交流、应用程序下载以及娱乐活动等方面都是公平公正的。在这种环境中，大学生能够极为自由、通畅地获取信息、交流沟通，畅所欲言，勇敢地表达自己的看法和认识，逐渐培养和强化平等观念。此外，大学生在能够熟练运用新媒体后，做事更加讲究效率和条理，对各方面的成效也有着充分的考虑和安排，提高效率及增强竞争力。

在新媒体新型的互动模式的基础上，大学生具有强烈的现代意识，比如，开放意识、参与意识等。他们认为将信息发布出去，能够为他人提供所需要的信息和资源，是一种互利互惠的行为，同时也是他们应该尽到的责任和义务。同时，大学生对新媒体的运用，也能够使他们更加了解国情，能够正确看待我国现阶段发展中存在的问题和矛盾，并且积极地投身社会主义建设实践当中去。而在人际交往方面，人们能够根据自己的实际情况来自由选择交流工具、沟通方式以及交际对象。

（二）新媒体对大学生思想道德素质的不利影响

1. 道德认知产生冲突

第一，新媒体中信息传递速度加快，这打破了原有的意识形态，减弱了国家社会制度的约束力，实现不同国家的生活方式、思想观念、宗教信仰融合在一起的目标，对大学生开阔眼界，以及知识的增长非常有帮助。但是这种各国思想文化的涌入，却在一定程度上冲击和影响了大学生固有的思想观念，容易使大学生在思想上失去方向性，道德观念发生改变，产生道德认知偏差。

第二，新媒体使得在虚拟环境下的一切事物更加充满可能性、自由性，各种“符号”与“数字”形式的信息传递，将现实中人际交往面对面的约束消解了，增加了网络信息传播的监管难度。道德规范失去约束性以及现实社会舆论监督的不力，在一定程度上增加了大学生网络行为的自由度和灵活性。

大学生身心还处在发展时期，思想尚未成熟，道德自律性也相对较差，在这种情况下，大学生在互联网环境下容易挣脱现实道德的灌输，对自己的网络行为不加约束和控制最终容易造成大学生网络道德观念淡薄，道德行为缺失，失去责任感。

2. 道德情感疏远隔阂

在新媒体环境下，人们之间的交流主要依靠移动通信和互联网络来实现。通过这样一种交流方式，人们的言语被转换成二进制的语言，观点和意见等也多以数字化字符的方式在屏幕上传播开来，这样一种情况下，人们之间的交流不再是面对面的谈话和沟通，而是变成了人机之间的交流。新媒体让人们能够进行跨时空、跨地域的多向交流和多人交流，容易引人沉迷，人机之间的交流增多，现实生活中的面对面的交流却大大减少，道德情感也逐渐疏远，产生隔阂。大学生沉迷网络，只一味在网络中寻求快乐，排解情绪，长此以往会产生许多不良后果。

3. 道德意志决断力弱化

网络信息传播没有时空和地域的限制，新媒体中所蕴含的信息是庞大、复杂而又广泛的。新媒体成为了混杂着体育、新闻、财经、学术、娱乐以及各种暴力、色情信息的载体。网络上各种有关色情、暴力的视频、图片和游戏泛滥，导致高等院校的“围墙”形同虚设，这极为不利于大学生的身心健康。加之新媒体具有“草根性”和虚拟性的特点，造成了这些数量巨大的信息生产者很难被法律所控制，各种不良信息也很难受到严格的监管和把控。至此，各种有违伦理道德的色情暴力信息更加猖獗，在社会大众中广泛地传播开来，有心之士以此牟利。在这种环境下，大学生的是非观念受到严重的影响，真假辨别能力也相对减弱，失去对自己行为的正确判别的能力。部分大学生的自制能力较弱，在好奇、冲动之下，受到不良信息的影响会去主动找寻这些色情、暴力的信息，z

这表现出了大学生的道德意志决断力的弱化。

4. 道德行为失衡异化

新媒体时代强调自由和个性发展，同时也造成了一定程度上的自由主义之风泛滥，致使一些大学生出现了表里不一、行为失控的症状，引发各种心理疾病。

近年来，高校中学生实施黑客行为对计算机网络安全产生危害，传播、制造计算机病毒的案件有一定数量的增加，其中的危害性是极大的，会产生严重的后果。

有些大学生还会在网络上进行偷窃行为。他们利用网络窃取他人账户，挪用和转移那些不属于自己的资金，损害他人利益。有些大学生通过网络商务活动进行网络欺诈，比如在微信上开设微店发布和经营不实广告及虚假产品。还有一些大学生建立色情网站，贩卖和传播色情短信、文章、图片等。

二、新媒体与大学生心理健康

新媒体会对大学生的心理健康产生积极影响，但也存在消极影响。

1. 新媒体满足了大学生自我认知的需要

自我认知就是个人对自己所作所为的看法和态度，包括对自己的存在以及自己对周围人或物的关系的意识。自我认知是人自身心理活动和行为的调控系统，正确的自我认知能够对人的行动起到正确的指引作用。社会环境以及社会比较往往会对人的自我意识产生显著的影响。[1]

新媒体为大学生的自我认知的发展提供了一种全新的社会环境和社会比较方式，大学生的自我认知将在这一环境下得到健康的发展。一方面，新媒体帮助大学生全面地了解和认识自我存在。人的自我是有着多个侧面的，我们的真实面貌往往被掩盖在了层层的社会现实下，而在新媒体环境下，人们的真实自我往往能够被释放、发掘出来，这有利于个体的自我了解，有利于个体对自身进行客观的评估，进而形成正确的自我意识。另一方面，新媒体有利于大学生对自己与他人的关系展开全新的评估。新媒体具有隐蔽性、虚拟性，人们之间的利益冲突较少，也降低了双方之间的矛盾，人们在这种环境下可以敞开心扉、畅所欲言，进行真实的感情交流。在这种交流环境下，大学生能够重新评估自己与他人的关系，促进自我意识的健康发展。

2. 新媒体满足了大学生情感的需要

情感交流是人类社会生活中必不可少的内容，每个人都必然会花费一定的时间用于与他人的情感交流，以慰藉自己与他人。大学生身心仍处于发展期，心理上容易产生挫败感，情绪失常，在这种情况下，对他们进行必要的情感交流是非常重要的，需要有人去信任他们，帮助他们，给他们安全感，帮助他们融入集体之中去。新媒体在这一方面发挥了显著的作用，它能够为大学生的交往提供更为广阔、方便的平台，破除了人种、地域、时间的限制，大学生能在这一平台上寻找更多的志同道合的朋友，一起分享喜怒

[1] 高鸣．网络文化与大学生思想政治教育新论．南京：江苏大学出版社，2007：44.

哀乐，展示自己的才华，帮助他们走出心理困境和阴影，树立自信心。

现今，社会对人才的要求越来越高，当代大学生承受着更大的生活、学习、就业压力，有着强烈的危机感和紧迫感。这些情感的堆积容易引起大学生的心理疾病，若是不加以引导的话，将会给学生、给社会带来严重的影响。所以，为他们建立一个情感交流和宣泄的平台是十分重要而必要的。新媒体便能够在这方面发挥良好的作用，它抛开了身份和地位的限制，汇集了世界上形形色色的人和事，大学生能够在这里展现自己的最真实的一面，向他人倾诉，寻求慰藉，帮助大学生排解情绪，走出心理困境。

此外，这种利用新媒体技术进行情感交流的方式也产生了一定的负面影响。新媒体环境下，人们之间的交流主要是人际交流，是冷冰冰的机器、数字与符号，缺乏亲近感和熟悉感。同时，长期在网络上寻求精神慰藉，忽视与身边人的情感交流，通常会造成现实生活中的情感淡薄，彼此之间缺乏真诚和信任。

3. 新媒体满足了大学生对尊重理解的需要

新媒体环境下，人们之间的交流可以摆脱语言、性别、国籍和年龄的限制，为大学生创造一个自由平等、互相尊重、互相理解的交往环境。在这里，大学生可以充分地发挥自己的长处，尽情地展现自己，可以找到现实生活中可能没有的认同感和归属感，建立自信心，增强自尊心。但是，若是大学生过于强调自尊，就会产生对自尊的错误理解和认识，为了寻求他人认同和引起他人注意，在网络上发表和传播一些不负责任的言论，造成行为偏差。

4. 新媒体满足了大学生审美的需要

新媒体的平等性和互动性在最大限度上辅助大学生完成其审美活动，在这一过程中体验美感，得到美的享受。新媒体是一个拥有海量信息的平台，能够为大学生提供多种进行审美活动的平台，促进大学生的审美能力的提高。然而，从另一方面来说，新媒体尤其注重对人形成感官上的刺激，多从听觉、视觉上吸引人们眼球。但是，这种感官上的享受通常是停留在表面的，会损害大学生的思维能力，若大学生只追求这种感官需要，那么就容易缺乏理性思考，思维单一而直观。

5. 新媒体满足了大学生消遣娱乐的需要

新媒体能够为大学生提供网上聊天、网上游戏、网上购物等多种娱乐消遣方式。当代大学生是一群有知识、有想法、有好奇心、追求刺激和新鲜的群体，他们会选择与众不同的娱乐活动，并以此作为自己时尚的标榜。新媒体为他们的娱乐消遣、释放压力提供了更为广阔的平台和空间。他们上网“种菜、偷菜”、发微博、逛淘宝、玩魔兽争霸、团购电影票，足不出户便能进行多种娱乐，这大大地提高了他们消遣娱乐的主动性，有利于他们释放压力、愉悦身心。

同样，这也在一定程度上给大学生带来了一些负面影响。新媒体环境中，大学生的娱乐消遣具有不可控和不确定性，在进行娱乐活动时，各种各样或好或坏的信息向大学生涌去，大学生心智尚未完全发育成熟，容易受到色情、暴力等不良信息的侵害和影响，不利于学生的身心健康发展。

6. 新媒体满足了大学生创新进取的需要

大学生具有较强的创新意识，他们思想上较为主动，较为容易吸取和接受新事物。当大学生的想法和创造力受到现实条件的约束和传统观念的限制时，新媒体能够为他们提供更多技术上的支持，使大学生能够尽情地发挥想象力和创造力，变不可能为可能。新媒体能够有效激发大学生的主体意识，增加其思想交流的频率和对外开放的程度，迸发更多的创造性和可能性，使大学生在这一过程中不断地充实和丰富自己。

但是，我们需要注意的一个问题是，新媒体在一定程度上可能会造成大学生走向极端，脱离实际，盲目追求个性独立。并且一些大学生高估了新媒体，过分迷信它的力量，反而失去了进取心。

三、新媒体与大学生行为和群体存在方式

新媒体在人类社会中发挥着重要的作用和影响，深刻地改变着人们的生活、工作和学习。它不仅只停留在技术层面上，现今已经日益成为一种新的文化现象，改变着人们的行为方式和存在方式。大学生是新媒体时代下的重要的一员，是新媒体最忠实的支持者和拥护者，他们在网络化的生存状态下形成了在消费、学习、社交、择业、社会实践等诸多方面独特的行为方式和群体存在方式。

1. 新媒体改善了学习条件，促进大学生的自主学习

新媒体以信息技术为基础，进一步扩展和延伸了大学生的学习空间，为大学生自主学习提供了更为有利的条件，促进了大学生学习效率的进一步提高。

（1）新媒体的开放性和共享性丰富了大学生的学习资源。新媒体的信息资源丰富、覆盖面广、传输快捷、交互性强、形式多元，为大学生的文化知识的获取与学习提供了更为广阔的平台。

新媒体信息传播具有开放性，能够为学生提供一个海量的信息资料库，内容从政治、经济、文化到历史、科技、教育，再到军事、体育、卫生等各个方面。新媒体的存在，使从古到今、从国内到国外、从小地方到大环境的各种信息资料都被展示出来，人们能够从这一资源库中查找任何想要的信息和资料。这些资源为大学生认识世界、开阔眼界创造了可能，对他们的学习交流、创新发展产生重要的积极影响和作用。新媒体的迅猛发展，进一步拓宽了大学生获取信息的渠道。此外，新媒体本身所具有的共享性也进一步提高了大学生信息获取和传播的效率，信息一经发布便传送至世界各个地方和角落，大大提高了资源的利用率。同时，还减少了纸质资料成本，降低了资源传播的成本。

（2）新媒体的灵活性和便捷性转变了大学生的学习方式。新媒体具有便捷性和灵活性，使大学生传统的学习方式发生改变，增强了大学生的自主学习性和创新性，提高了

大学生的学习效果。

首先，新媒体使大学生的学习化被动为主动。传统的学习方式中，大学生的学习主要是老师制订学习计划、学习方式，老师进行单方面的知识灌输，在这一教学环节中，学生处于被动地位。传统的学习模式固然可取，但是却也存在着学生学习自主性低、创新性低等缺点，而新媒体为大学生自主性学习创造了机会和条件。在新媒体环境中，大学生可以根据自己的需求和喜好来自主选择和安排与本专业相关的知识内容的学习，制订与自身情况相符的学习计划，增强学习的目的性，提高大学生的自主学习性和积极性，提高学习效率。

其次，新媒体变灌输式学习为探究式学习。传统的学习模式以灌输式学习为主，这种学习模式下学生对教师和课本的依赖性极强，学生缺乏独立思考的能力，缺乏自信，不能勇敢地表达自己和展示自己。而新媒体为大学生提供了自主探究学习的平台，为他们提供了自主学习和活动的时间和空间，锻炼了他们自主分析和解决问题的能力。

再次，新媒体变功利性学习为自发性学习。应试教育模式下，有些学生的学习只为考取好大学，获得文凭并以此寻找好工作。不可否认，这是一种极为功利性的学习思想和行为，它将会严重限制学生个体自身的发展。在此情况下，新媒体能够有效地改变学生的学习观念。一些新式的传播媒介，如搜索引擎、BBS 论坛、微博等，开阔了学生的眼界，使学生认识这个世界，了解这个社会，明白只有努力学习各种文化知识，丰富自己的头脑，寻求全面发展和进步，成为社会需要的人才，才能不被这个社会所淘汰，跟上时代的步伐。

最后，新媒体变孤立式学习为合作式学习。一些大学生过于自信，不屑于团队合作，不愿与他人分享经验和思维方法，这不利于个人的发展进步。而新媒体有效地扭转了这一局面，为大学生构建了一个虚拟性、互动式的交流平台，使学生融入一个团体中去，彼此分享经验和学习成果，互相协助节解决难题。通过这种协调合作，大学生可以更好地认识自己，完善自己，肯定自己，实现学习的良性互动。

（3）新媒体的多元性与平等性改善了大学生的学习条件。新媒体在现代信息技术的基础上，改变了传统的文本存储形式，融合了图像、视频、音频等处理技术和手段，使知识的表现形式更加形象生动、丰富多彩。这些直观而生动的知识，会给予大学生多种感官上的刺激，促进大学生进行认知活动，提高学习效果。同时，新媒体还可以为学生营造一个超现实的学习环境。这一环境具有三维立体效果，能够给学生带来听觉和视觉上的盛宴，让大学生身临其境，切身感受万千世界的奇妙之处，有效激发他们的学习兴趣和学习热情。这是以前的网络技术所难以企及的水平和高度，新媒体能够营造一个虚拟世界，模拟各种环境和状态，提高学生的学习兴趣，为他们开辟一条崭新的求知之路。

此外，新媒体使大学生能够随时随地地浏览资料、信息，学习时间更具有灵活性，延长了学习时间，提高了学习效果。大学生还能够通过网络课程、远程教育等在线交流途径与老师和同学进行交流，丰富了学生的学习途径。新媒体为大学生提供了多种学习途径，改善了学习条件。

（4）新媒体的自由性和交互性增强了大学生的学习自主性。传统的学习模式主要以教师灌输式教育为主，在这种教育模式下，学生过于依赖教师和课本，处于绝对的被动地位，学生的自主性、积极性被压制。而在新媒体环境下，大学生的学习能够实现由被动到主动，增强学习的自主性。大学生根据自己的实际情况有目的性、有针对性地选择学习内容，浏览新闻热点，感受视听资讯，进行自主性学习，提高学习效果。手机短信是大学生自主交流中的一个重要平台，他们可以自由收发信息，可转发亦可群发，通过多点互动的信息传播形式，进一步实现了信息资源的良性循环，有效地提高了学生的参与度，成为了自主学习的重要途径之一。

新媒体使大学生的社会化程度有了明显的提高，大学生能够更加主动地参与社会实践，利用网络媒体以及现代技术，走出课堂和学校，在一个更为广阔的天地进行知识的翱翔，全方位地把握和解读现实生活，使自己在社会化的进程中更加成熟和完善。

（5）新媒体的虚拟性和即时性提高了大学生的学习能力。新媒体提高了大学生的观察能力。在网络上，大学生能够实时观看社会热点新闻，浏览国内外时事政治资讯，了解世界范围内发生的大小事，接触到各种学术、文化、思想信息，这能够大大提高他们的信息敏感度。基于这种信息敏感度，大学生更加留意身边事物，善于发现和观察身边的社会现象，从中挖掘可以学习和借鉴的经验，促进自身的不断完善和发展，提高学习能力。

新媒体提高了大学生的分析能力。在应试教育下，大学生的学习多具有功利性，且学校的课程设置也导致学生接受的知识面较窄，实践经验也明显不足。新媒体为学生开辟了更广阔的学习天地，开阔了学生的眼界，使他们的思维更加活跃和主动，善于用更广阔的角度和思路发现问题，并综合多学科、多渠道来分析和解决问题。

新媒体提高了大学生的反思能力。网络资源丰富，可以为大学生提供各方面的信息资源去解决学习中的难点，并在此基础上反思自己在思考和解决问题中存在的不足。这有利于学生自我总结、自我批评，探索解决问题的最优模式。

2. 新媒体拓展了交往范围，丰富大学生的社会关系

交往行为是人类社会活动最基本的需求之一，“一个人的发展取决于和他直接或间接进行交往的其他一切人的发展”。[1]交往，是一个人最基本的存在方式，具体是指共同存在的主体间进行相互交流、相互作用、相互了解。[2]新媒体工具所具有的匿名性和虚拟性深深吸引着大学生群体。

大学生的交往范围可大致分为“校内社交圈”和“校外社交圈”。各高校置地换建，

❶《马克思恩格斯全集》第 3 卷 . 北京：人民出版社，1960：515.

❷ 高鸣 . 网络文化与大学生思想政治教育新论 [M]. 南京：江苏大学出版社，2007：44.

校园环境改变，分散了学生的学习和生活的活动场所，扩大了学生的学习活动空间，但是却在一定程度上降低了学生之间、教师之间以及学生与教师之间的交往度和亲密度。新媒体在其中互动性的优势，增强了师生之间的交流和互动，提高了交往效率。新媒体促使了师生之间新的交往模式的形成，师生在交流活动中地位平等，两者都有主动性。同时也使得同学之间的交流更加方便快捷，学生之间互相理解和尊重，增强了学生的归属感和认同感，从心理和精神上得到极大的满足。

此外，新媒体也使得大学生的社会性得到空前延展。以前，由于地域、空间的限制，网络技术水平的不足，以及现实生活中人们的社交恐慌，人们之间的交往往往受限于周围环境，社交范围小。而互联网在这一方面有了极大的发展和突破，人们在虚拟环境中能够使用匿名、“昵称”，双方之间的交流更加简单、直接，即使是与陌生人的交流也能畅通无阻，毫无压力。这种匿名性有效地打破了陌生人之间的交流障碍，有利于建立长久的互动模式，进一步壮大个体的交往社群，构建多条弱纽带。这些弱纽带也能转化为强纽带，成为交往主体的实质交往对象。如，大学生通过人人网建立了与海内外网友交流的软纽带，在长期的交流中，弱纽带转化成为了强纽带，并有希望发展成为现实生活中更为强固、稳定的社会关系，为大学生的现实交往创造有利条件。网络交往不同于现实生活中的交往，它没有身份、地位等方面的限制，更加自由而方便，各个志同道合、有相同兴趣的人聚集在一起，一同分享喜悦和忧伤，使大学生接触到各类人和事，锻炼了他们的表达能力和沟通能力，丰富了大学生的社交活动，扩了大学生的社交范围。

3. 新媒体增加了择业渠道，提高大学生就业概率

新媒体在增加大学生求职择业方式上做出了突出的贡献。市场经济条件下，大学生形成了多元化的择业观念，择业行为更加成熟化、理性化。大学生的求职方式丰富、灵活，他们会采取传统的求职方式，例如竞聘企事业单位岗位，但同时也会到互联网上投个人简历。新媒体为大学生提供了丰富的就业信息，使他们随时随地了解就业动向和形势，并据此不断调整自己的择业标准和提高自身素质，以适应市场的需要。此外，大学生还通过网上学习一些基本的求职技巧和知识，了解应聘单位的信息，为自己的求职创造更多可能。

4. 新媒体改变了消费方式，影响大学生消费行为

当前，大学生的消费结构以精神消费为主，他们追求新颖独特、个性化的商品和服务。而网上购物商品和服务丰富而到位，各种各种的产品都能在网上购买得到，这极大地满足了大学生的购物心理和购物需求，同时还节省了他们出门购物的时间。网上购物已经成为大学生的主要消费方式之一。

然而，需要注意的是，大学生的消费心理和消费行为并不算成熟，他们容易不顾自己的经济承受能力，出于好奇心、猎奇心、虚荣心，冲动消费、从众消费、过度消费。

5. 新媒体改变了群体存在方式，丰富大学生的课余生活

当代青年大学生有朝气、有生命力，思维独立自主，其智力发展正处于黄金时期。他们关心国家事，天下事，有社会责任感，有强烈的求解和表达意愿。[1]

多媒体为大学生提供了一个情感诉说和宣泄的重要场所。各高校都建立了专门的BBS论坛、主页、空间，通过这些网络渠道，学生们可以详细了解到学校的师资队伍、行政机构以及党政机构等各个方面的情况，同时学校也可以收集来自学生的意见和建议，改善学校工作。各个班级、党组织、各院系以及各社团也建立起了专门的QQ群、邮箱以及网站，通过这些网络途径发布最新活动信息和工作信息，组织开展各色活动。大学生通过这些网络渠道，大大拓展了其交往的空间范畴，使大学生的现实交往得到了加深和延伸。

6. 新媒体搭建了社会活动平台，促进大学生实践能力提高

大学生参与到社会实践当中去，有利于大学生深入了解国情、提升个人能力、丰富理论知识，使理论与实践高度结合，通过不断的实践，锻炼自己，完善自己。大学生的社会实践活动，除了扶贫互助、西部支教、调查访问、志愿服务之外，一些行之有效的网络渠道和方法也在大学生社会实践中占据了很大成分，发挥着重要作用，如思想政治教育论坛、红色网站、红色博客等。大学生通过网络渠道开展实践活动，参与时事政治论坛，为政府发展规划献计献策，积极投入到为人民服务、为社会发展建设服务的实践活动当中去。

但是，需要注意的是，新媒体为学生搭建的社会活动平台有时也会产生一些不良影响和后果。比如，网上各类信息资源丰富，学生尝到了网络的甜头，便过度依赖网络，毫无节制的上网；长时间的上网导致学生一味借助网络上的图像、文字、声音等进行认知活动，缺乏独立思考的能力，学习流于形式化和表面化；新媒体以人机对话为主要的交流方式，人与人之间缺乏面对面的交流，冰冷的机器和数字符号难以让人感受到教育者的真切关怀、人格魅力和专业素质，造成学生的认知结构绝对化和简单化，显性认知结构不断发挥作用，隐性认知结构缺少必要的良性循环等。甚至有些学生被新媒体的魅力深深吸引，沉迷于网络世界而不能自拔，失去了对学习的兴趣，为了玩游戏、网上交友而常驻网吧，疲惫不堪、精神恍惚，对身心健康造成极大的危害。这些不良现象是高校思想政治教育教学必须深切关注和认真解决的重要问题。

---

❶ 王虹．毛泽东思想和中国特色社会主义理论体系概论课教学中大学生关注的疑难热点问题分析及对策研究［J］．思想理论教育导刊，2011(8)．

第三章　新媒体对大学生思想政治教育的影响分析

如同一把“双刃剑”，新媒体为大学生思想政治教育提供了更为广阔的发展的空间和平台，但同时也对当前的大学生思想政治教育的发展造成了一定的冲击。这需要我们不断摸索前进，有效利用新媒体来探索和研究新的教育方法和手段，提高大学生思想政治教育的实效，充分发挥新媒体的教育功能。

一、新媒体视角下大学生思想政治教育的机遇

作为新时代的产物，新媒体技术为大学生所接受的同时，也为我们开展思想政治教育工作提供了难得的机遇。新媒体丰富了高校思想政治教育的方式和手段，拓展了高校思想政治教育的空间和内容，增强了高校思想政治教育的实效性和针对性。[1]

（一）新媒体信息传播的开放性为大学生思想政治教育提供广阔平台

高校大学生思想政治教育的过程，是获取、选择与传播信息的过程，是用正确、生动、丰富的信息，对大学生的思想观念以及价值观念造成影响，进行熏陶和培养的过程。[2]可见，获取信息是大学生进行思想政治教育的第一步。新媒体信息量丰富，信息传播速度快，开放性强且覆盖面广，它有着之前的传播技术和交流工具所无法企及的优势和高度。[3]使大学生思想政治教育外延得到了极大的拓展和延伸，为大学生思想政治教育提供了广阔的实践与理论平台。

传统的思想政治教育信息资源有限，内容滞后且缺乏说服力和感染力，且信息资料的获取途径只有书本、报纸以及杂志等，很难达到良好的教育及效果。[4]作为当代新兴媒体，新媒体在信息传播方面享有很大的优势，它时效性强，能够实现信息的流动报道，收集广泛的信息资源，提供多种信息形态，与电视、广播、报纸相比，显然占据着更强大的信息优越性。[5]新媒体进一步丰富和拓展了大学生的思想政治教育平台，这主要表现在以下三个方面：一是为大学生的中国特色社会主义理论学习搭建了全新的平台；二是为了解党的政策、路线、方针提供了更丰富多样的信息渠道；三是为传播社会主义价值

[1] 马兰．利用新媒体做好大学生思想政治工作 [M]. 北京：中国成人教育出版社，2006.

[2] 欧英利．高师院校思想政治理论课教学应贯彻“以学生为本”的教学法 [J]. 通化师范学院学报，2008(1).

[3] 徐振祥．新媒体：大学生思想政治教育的机遇与挑战 [J]. 思想政治教育研究，2007(6).

[4] 朱林，胡勇．创新高校思想政治教育的途径与方法 [J]. 群众，2008(7).

[5] 李晓杰，于占才，赵润东．网络对高校思想政治教育的作用 [J]. 教书育人（学术理论），2004(12).

观和主流文化拓展了有益的空间。

（二）新媒体的灵活性有利于丰富大学生思想政治教育手段

传统的大学生思想政治教育模式是“课堂授课”，同时辅之以座谈、会议、讨论等其他形式。这种传统的授课模式有着明显的缺陷和局限性，它的内容覆盖面较窄，只能针对有限的受教育者展开工作，且难以进行个体的针对性学习，这使得高校思想政治教育流于形式。[1]新媒体的信息交流是双向的、互动的，这改变了传统的思想政治教育中的集中统一的一刀切、单项灌输的教育模式，使教育模式更加多元化发展，转变成为多向、双向的直接互动和交流，促使大学生思想政治教育实现“以人为本”[2]。同时也使得单调的命令、指示、说教，转变为多媒体并用、生动活泼、图文并茂、平等的情感和思想的交流模式。

新媒体环境下，大学生思想政治教育的主、客体之间的地位和关系发生了深刻的变化。在传统教育模式中，教育者可以说处于绝对的主导地位，而受教育者则处于被动地位，教育效果很难有明显的提高和突破[3]。新媒体下，大学生能够通过校园网络的BBS栏目、聊天室、教学网站等，自由发表言论，提出自己的意见和建议，在学习过程中化被动为主动[4]。在思想政治教育中，新媒体打破了时空的限制，使原本狭小的现实教学课堂转变成为了开放的、虚拟的网络教学空间，使学生们能够随时随地地接受思想政治教育，根据自己的需求来选择学习内容，并参与思想政治工作中去。新媒体为大学生思想政治教育开辟了新的途径，极大地丰富了思想政治教育的方法和手段，扩大了高校思想政治工作的辐射范围。

（三）新媒体的快捷性提高了大学生思想政治教育的效率

传统的大学生思想政治教育实现的是单向的、一对一传递的教育模式，在知识和信息的层层传递过程中，容易发生信息失真和减弱的情况，同时信息扩散的范围和速度也会受到极大的限制[5]。而新媒体中短信、博客、手机网络论坛等具有的灵活性和便捷性，使其在教育中发挥了不可忽视的重要作用，成为了受教育者欢迎的一种崭新、实效的教育载体。一方面，学生能够通过手机、网络等随时随地地接受知识和教育，使思想政治教育的信息传播效率大大提高。另一方面，新媒体能够便捷、及时地发布信息，教育者通过文字、语言、图片等各种形式将教育内容快速传送给受教育者，促进了教育的深入发展。同时，还拉近了教师和学生的距离，营造了良好的教育环境，这有利于进一步提高思想政治教育的传播效率。

---

❶ 施欢欢．新媒体环境下高校思想政治工作研究[D].复旦大学，2012.

❷ 武丁．全国高校思想政治教育研讨会在杭举行[J].学校党建与思想，1986(4).

❸ 陈亚玲．略论网络时代高校思想政治工作[J].发展，2008(8).

❹ 戴开柱．网络条件下大学生思想政治教育研究的新探索[J].湘潭师范学院学报（社会科学版），2007(4).

❺ 张伟．新媒体在大学生思想政治教育中的作用研究[J].徐州工业职业技术学院学报，2012(3).

（四）新媒体信息传播的多边性和平等性增强了思想政治教育主客体间的信任度

实践证明，大学生思想政治教育的教育质量和效果在很大程度上会受到来自师生之间的信任感的影响[1]。良好的师生关系，学生尊敬和信任教师，其教育质量就会大大提高。然而，我们所见到的是，传统教育环境下师生之间存在着不平等关系，教师和学生之间长期存在着较深的心理鸿沟。学生不愿与教师进行过多的交流和沟通，不愿与教师坦诚内心想法，遇到困难也从不寻求教师的帮助，这是高校乃至教育界的一个普遍现象，也是大学生思政教育中存在的一个关键性问题。而网络文化有效地消解了这一问题，它使教育的主客体关系和地位发生改变，思想教育者和传播者的双重身份，充分体现了教育主体与教育客体之间的平等地位。且由于网络具有选择性、无权威性以及平等性，使得大学生思想政治教育工作更加充满人情味，更能体现人文主义关怀，能够取得更佳的教育效果[2]。通过网络形式开展思想政治教育工作，更有利于教师与学生之间进行沟通和交流，拉近双方之间的关系，提高教育效果，改善教育质量。就像有些学生所说的"在网上，不存在高低之别，没有师生之分，是一个比较自由的环境。所有网民的权利、人格、地位等一切在网络上都是平等的。我能轻松自如地、放心地与您交流思想、向您敞开心扉，完全不会存在任何顾及"。将新媒体虚拟传播手段运用于大学生思想政治教育，与大学生进行双向交流，有利于消除大学生的心理隔阂，引导学生吐露心声，促进沟通，增强师生之间的信任感。

二、新媒体视角下大学生思想政治教育的挑战

新媒体的信息传播具有自由化、传播方式个性化以及信息获取虚拟化等特点，它能够为大学生思想政治教育带来更多的发展机遇，但同时也会带来一些挑战和弊端，这主要体现在以下几个方面。

（一）新媒体信息传播的"开放性"对大学生思想政治教育的舆论导向提出了挑战

对一个民族、一个国家来说，意识形态工作是一个看不见硝烟的重要战场。不管是国内，还是国外，都一直存在着舆论导向、意识形态的斗争，且愈演愈烈。一直以来，我国的教育非常重视对舆论导向、意识形态主动权的掌握，始终强调要：牢牢把握舆论导向，永立时代潮头。2013年8月，在全国宣传思想工作会议上习近平总书记重点强调："能否做好意识形态工作，事关党的前途命运，事关国家长治久安，事关民族凝聚力和向心力。我们必须主动适应国内外舆论环境变化，因势而谋、应势而动、顺势而为，不断提升新闻宣传工作水平，牢牢掌握舆论工作主动权和主导权。"[3]

在传统媒体时代，由于各国家处于相对封闭的状况下，因此外来意识的冲击也相对较弱。新媒体时代则打破了这一相对封闭的状态。面对扑面涌来的各种网络不良信息，

❶ 徐振祥. 新媒体：大学生思想政治教育的机遇与挑战 [J]. 思想政治教育研究，2007（6）.
❷ 吕戎. 网络文化背景下高校学生思想政治工作的创新与发展 [J]. 辽宁教育研究，2003（8）.
❸《全国思想政治工作会议文件》，2013年8月.

大学生的社会经验不足，阅历少，由此对这些信息的分辨和抵抗能力较弱，容易形成错误的人生观和价值观，甚至会导致大学生出现违法乱纪行为。可见，在新媒体时代下，传统社会高校舆论导向正面临着严峻的挑战和巨大的危机。威胁了舆论导向的控制权牢牢掌握在党和政府及高校思想政治教育工作者手中的局面[1]。

（二）新媒体的“互动性”和“虚拟性”容易引发大学生心理信任危机和人格障碍

博客、手机短信、QQ 等新媒体交流模式，具有互动性、虚拟性、平等性，对大学生的吸引力较强，就会容易导致大学生沉迷新媒体带来的愉悦而忘记自己的责任、使命，过度依赖网络。产生这一现象的原因主要在于过于依赖新媒体，长期沉浸于新媒体。在调研中发现：75% 的学生在一段时间不上网时会产生不安感；90% 以上的学生忘记带手机就会产生焦躁感。这种心理异常在最初的时候只会表现出一种焦躁感，但是长时间下来就会发展成为生理上的不适，比如食欲不振、精神萎靡等。新媒体具有极强的虚拟性，人们在这一平台上可以通过匿名的方式交流，仿佛戴着一张面具，这在一定程度上造成了人与人之间的诚信缺失、信任缺失，从而影响了良好的人际关系的建立和发展。而一旦在新媒体中经常性的表现被固定下来，与现实形成较大差别时，就有可能导致多重人格和双重人格。若是在现实人格以及虚拟人各种频繁转换，则会引发心理危机和人格障碍。且相关部门没有实现对新媒体的科学、规范化管理，人们的媒介素养普遍降低，一些色情、暴力信息就会得以肆意流传而控制无能。而大学生处于身心发展的关键时期，好奇心重，普遍对权威都有抵触感、质疑感，一些不良信息更容易引起他们的注意。在这种不良信息的影响下，大学生开始由单纯的兴趣到沉迷，深陷网络暴力、游戏和色情当中而无法自拔，甚至是通过“新媒体”进行“自我炒作”，触及公众价值观以及社会道德底线，引发社会问题。新媒体环境下，大学生乃至社会公众的价值取向容易受到严重的冲击和影响。

（三）新媒体信息传播的“无屏障性”影响部分大学生的价值观

针对在虚拟世界中应遵循什么样的价值观这一问题，社会大众对此有两种不同的见解和看法。一些人表示，虚拟世界的游戏规则理应以市场经济法则为依据。而又有人表示，虚拟社会应始终以高扬人性为标准，不能盲目追求利益最大化。现今，新媒体已经深刻影响到了大学生的生活方式、思维观念和思想观念，并对原有的大学生思想政治教育教学手段发出了严峻的挑战[2]。李林英（北京理工大学马克思主义理论教研部副主任）分析认为，这种挑战主要是来自新媒体信息传播的“无屏障性”。可以说，新媒体时代下的校园信息化是一种信息传播的资讯、时间以及空间无屏障化状态，信息的发布和使用都极为自由。一方面，大学生能够在网上自由发布言论，甚至是可以在网上散布一些有

❶ 朱文文．新媒体时代下大学生思想政治教育的挑战及其对策 [J]. 文教资料，2009 年 11 月上旬刊．

❷ 赵秀红．新媒体：思想政治教育的“拦路虎”还是“新机遇”[N]. 中国教育报，2011-07-04.

害的、不负责任的言论。另一方面，网络上各色信息混杂，而现有的技术很难有效控制和管束这些信息的发布、传播和接收，这严重影响了大学生正确的世界观和人生观的培养和形成。

（四）新媒体传播的“多向性”对高校思想政治教育工作者的权威提出挑战

新媒体本身具有的多向性和泛化性，导致了教育工作者的信息权威弱化，出现“权威危机”。传统的高校思想政治教育的一个重要前提是信息的可控性，教师可以自己筛选和整理教育信息，之后再将这些信息灌输给学生，这种教育模式体现的是教育信息传播的单向性，教师具有绝对权威。而新媒体传播的“单向性”使教师和学生双方都能同时获得教育信息，学生可以采取除了书本、课堂以外的其他网上教育途径获得更多、更丰富、更有趣的信息，学生不再只依赖教学课堂，对教师的依赖程度大大降低[1]，这在一定程度上增加了大学生思想政治教育工作的难度，对教育工作者的素质提出了更高的要求。而由于教师的教育观念普遍陈旧，对新事物的接受度低，新媒体技术意识也较为淡薄，因此在信息的获取方面处于劣势地位，在面对新媒体带来的海量信息的同时，不能及时调整自己的教育观念、手段和方式，因此，逐渐失去了教育、宣传、解释的优先地位。高校思想政治教育工作者，对新媒体技术接受程度低，观念陈旧，只习惯于通过课堂、书本将爱国主义、马列主义、社会主义等教育内容枯燥乏味地灌输给学生[2]，这种教育模式忽视了学生对新媒体的内在需求，不利于思想政治教育效果的达成。

（五）新媒体技术的快速发展使高校传统的思想政治教育模式受到挑战

新媒体技术迅猛发展，深刻地影响着人们的生活、学习和工作，也从根本上改变着大学生们的认知方式，对现有的高校思想政治教育模式带来了极大的冲击和挑战。传统的思想政治教育模式存在着教学内容呆板、教育形式和方法单一、时空有限等诸多方面的弊端和不足，已经无法满足如今的教学需求和社会需求。有些教育者在课堂教学中向学生传授的教育内容和学生实际所感知的事物存在较大的差距，甚至是相互脱节，此外，还有一些教师忽视学生的自我感受和体验，不能有效地调动学生的情绪，对学生的影响力和感召力严重不足。新媒体时代下，学生的主体意识被唤醒，他们更加勇于在课堂上抒发自己的情感和看法，能够大胆地与他人进行交流。他们不再是教育过程中被动的接受者，不再一味接受外部的知识灌输，而是更加渴望平等，渴望双向的互动交流，期望教育模式能够向更加民主和自由的方向发展[3]，这种教学模式极大地冲击和挑战了高校传统的单向灌输的教育模式。

---

❶ 张伟．新媒体在大学生思想政治教育中的作用研究 [J]. 专家论坛，2012(3).

❷ 孙珊．新媒体对大学生思想政治教育的影响及对策研究——基于淮安市高校的问卷调查 [D]. 华东师范大学，2012.

❸ 熊舒平．新媒体环境下的大学生思想政治教育研究 [D]. 湖南大学，2012.

三、新媒体视角下大学生思想政治教育的应对机制

（一）社会应加强对新媒体不良信息的监督与管理

1. 出台法律法规，完善法制环境

随着互联网的高速发展以及通信工具信息技术的不断更新，移动新媒体已经深入到了我们生活的方方面面，深刻地影响和改变着人们的生活方式。在此情况下，人们也更加渴望信息安全以及新媒体环境能够得到净化和改善，对此，各项有关新媒体的法律法规出台并不断完善。我国目前正走在大力推进社会经济和社会信息化发展的过程中，党和政府也始终将信息网络的安全及净化问题作为重点工作内容。从 2000 年开始起，国家就新媒体信息安全及净化问题出台了《电信条例》和《互关法律法规》；2010 年 2 月，颁布了《最高人民法院、最高人民检察院关于办理利用互联网、移动通讯终端、声讯台制作、复制、出版、贩卖、传播淫秽电子信息刑事案件具体应用法律若干问题的解释（二）》；2014 年工业和信息化部关于加强电信和互联网行业网络安全工作的指导意见（工信部〔2014〕368 号）。作为当前通讯视域的一方霸主，微信在国内拥有着广泛而数量巨大的用户群，因此该规定被称为“微信十条”。主要从行业的资质、隐私保护、内容限制、实名制注册、公共账号、新闻信息服务资质审核等方面对即时通信通讯平台和用户的规范做了很多界定，并明确了对违规行为的处罚。“网络安全和信息化是事关国家安全和国家发展、事关广大人民群众工作生活的重大战略问题，要从国际国内大势出发，总体布局，统筹各方，创新发展，努力把我国建设成为网络强国。”净化网路环境是一个长期性工程，单一的管制收效甚微，必须制定严格、规范的法律法规，同时还要坚持以人为本，以包容的态度对待新媒体的发展。

新媒体环境的监督管理会涉及个人、企业乃至国家等方面诸多利益，因此，不仅要加强相关法律法规的建立和完善，还必须要发动多方力量，鼓励更多的个人、团体以及机构加入到新媒体环境的监督管理中去，集合众人的力量共同创造良好的新媒体环境。国家层面要不断建立和完善新媒体相关的法律法规体系，加强各部门之间的分工协作。立法部门要制定出适应新媒体发展的法律法规，使新媒体的监督管理工作有法可依。相关立法内容应具有目的性、协调性以及准确性，要全方位考虑和分析新媒体的利弊，强化立法的调整和制约功能。此外，还要做好立法效力的协调性，既要保证新媒体言论的自由，又要严厉打击新媒体中的违法乱纪行为。最后，立法应与时俱进，要与新媒体技术的发展齐头并进，这样才能确保法律法规权威性和时效性。

2. 运营商健全监管制度

对新媒体不良信息进行监督和管理，不仅要从立法方面入手，同时新媒体的运营商也要确定明确的监管制度。新媒体运营商对新媒体的运营技术最为熟悉和了解，在确保新媒体的正确运行的同时，还要加强各项新媒体监控和管理机制的建立和完善工作。

（1）提升新媒体相关账号申请条件，打造新媒体实名制。新媒体运营商应建立完善

的账号申请管理机制，提高门槛，增强用户信息的真实性。在进行账号申请时，用户必须要仔细填写和补充资料信息，尽可能采用实名制认证，并确保认证信息的真实可靠，不得存在虚假信息，谨防犯罪，为大学生提供健康绿色的新媒体环境。新媒体实名制可以提高用户的法律意识和自觉性，增强彼此之间的诚信度。

（2）新媒体运营商有义务在大学生新媒体使用过程中提醒用户提防诈骗和抢劫等事件。新媒体运营商可以通过多种渠道和手段，运用先进的技术对新媒体中出现的有关敏感词进行预警，对大学生形成警示，提高大学生的防范意识和防范能力。其次，也可以通过多种技术手段对含有关键字及敏感词汇的不良内容进行屏蔽或消除，坚决杜绝不良信息的传播和干扰。

（3）构建新媒体举报系统。新媒体的监管还需要广大人民群众的实时监控，新媒体可以构建举报系统，社会大众通过这一举报系统对新媒体的不良信息和不法行为进行检举和监督，共同打造良好的新媒体环境，促进社会和谐发展。

3. 参与主体自我管理

（1）新媒体服务商的自律同盟管理。新媒体服务商不应只追求利益的最大化，更应该积极地承担社会责任，始终致力于传播正能量，弘扬先进文化，丰富人民精神生活。新媒体服务商应积极搭建内部自律平台，鼓励更多的新媒体企业加入组织，成立自己的协会，加强对行业的监管，在行业内形成诚信文明之风。新媒体企业要发挥导向作用，引导新媒体环境的健康有序发展，共同抵制不良信息，提高行业的自律性。新媒体服务商要以身作则，始终坚持正确的行为和作风，严格自律，这样才能发挥对新媒体行业的积极影响，形成良好的新媒体环境，促进新媒体健康发展。

（2）新媒体用户自我管理。新媒体用户主要分为企业用户以及个人用户两大类。有些企业用户为了追求自己眼前的利益，而在新媒体上肆意传播一些虚假信息，这些新媒体用户应端正自己的意识和行为，以身作则，不能只为蝇头小利而忽视自己的社会责任，给社会带来不良影响。而个人用户也应当谨慎自己的一言一行，健康上网，做一名有网络道德的合法公民。要加强新媒体道德素质教育以及法律教育，使新媒体用户自觉遵循法律法规，健康上网，为自己的上网行为负责。新媒体用户是新媒体信息的受众群和使用者，在新媒体的信息传播中发挥着不可忽视的重要作用，因此，要尤其注意引导新媒体用户正确使用新媒体，不断提高他们对新媒体的认识和对信息的甄别能力，自觉抵制不良信息，谨防不良信息的再次扩散和传播。

（二）高校应积极构建新媒体思想政治教育平台

1. 充分拓展平台

要突破传统的教育模式和手段，实现新媒体与互联网的有效结合。现今，智能手机占据大学生生活和学习的很大一部分，发挥着对大学生群体生活以及思维模式的积极导向作用。智能手机 4G 网络高速发展，为高校思想政治教育开辟了新的空间和平台。新媒体不受时空的限制，师生之间的交流更加平等、便捷和通畅，使高校内部之间形成了良好的沟通和交流环境。高校辅导员可以通过新媒体这一平台，增加对学生的心理活动认识，了解学生的日常行为，方便了学生工作的开展。比如，微博是具有强大号召力的互联网平台，在学生生活中占据着很大一部分。大学生思想政治教育工作者可以在微博上开设思政教育主账户，引导学生关注，这样教育工作者能够随时随地地传授知识内容，与学生进行交流学习，同时学生也能在这一平台上畅所欲言，说出自己的想法，获得自己想要的信息。此外，还可以建立相关的思政宣传教育群，包括班级群、年级群和专业群。教育者通过简单的操作流程就能方便快捷地发送信息，学生也能即时接收信息，这有利于促进师生之间的交流，建立良好的师生关系。

2. 加强校园文化建设

当代大学生个性和思维都比较独立，也较为容易产生对权威的抵触和叛逆情绪，喜欢追求突破和创新。而传统、古板的教育模式已经不符合他们的心理需求和教育需求。新媒体的出现则彻底打破了这一陈旧乏味的教育模式，使思政教育更加充满特殊性和趣味性。新媒体可以将枯燥单调的文字信息以更加生动、活泼的形象呈现在学生眼前，使教育活动不再简单乏味，大学生也更加愿意接受思政教育。高校还可以通过微信公众平台向学生们介绍校园的先进人物和典型事迹，对学生进行正面引导和教育，提高教育质量。

（1）加强思政教育工作者使用智能手机的能力。当前，几乎每一名大学生都拥有一部智能手机，教育工作者要实现对学生更深入的教育影响，就必须要了解智能手机，熟练掌握智能手机的各个功能，这样才能有效拉近与学生的距离，更加了解学生思想和行为活动。通常来说，高校的思政教育工作者对新事物总是兴致缺缺，对新媒体技术更是知之甚少。而在当前背景下，新媒体在高校中的普及已经成为了一个必然的趋势，教育工作者不了解新媒体技术以及各个功能，将很有可能使自己的教育工作停滞不前。因此，在思想政治教育中，教育工作者必须要学会运用新媒体技术，与时俱进，顺应大学生的心理需求，真正为大学生群体所接纳。

（2）引导大学生用健康的心理使用手机。高校应重视学生的心理健康问题，定期对学生展开心理咨询工作，针对大学生的新媒体不健康利用的心理进行有效的疏导，引导他们理性看待新媒体。辅导员要密切关注学生的思想和行为活动，发现有过度依赖手机的学生，要及时进行沟通帮助，引导他们走出手机的世界，合理使用新媒体。学校还要展开对学生的新媒体伦理道德教育，增强他们的新媒体道德责任感，理性运用新媒体。要培养学生对是非的辨别能力，善恶分明，自觉抵制不良信息，健康运用新媒体。

3. 加强高校新媒体建设与形式创新

（1）加强思政教育主题网站的建设。高校应顺应主流趋势的发展，全面建设校园网络文化，建立专门的师生实时互动思政网站，发挥正确的舆论导向性作用，宣传社会主义意识形态。思想引导与服务大学生的目标要体现在新媒体思政教育的所有过程中，通过设立内容丰富、特色鲜明的大学生思政教育网站，真正做到服务大学生群体，推动高校新媒体文化建设。大学生思想政治教育只有贴近学生的生活，拉近与学生的距离，才能有效激发学生的积极性，使他们主动参与到思政教育中去，才能使思政教育迸发活力，获得新生命。

（2）做好校园新媒体舆情工作。要集中开展校园内部的新媒体舆情工作，时刻做好工作准备，未雨绸缪。在平时工作中，要广泛收集新媒体舆情信息，密切关注主要的新媒体网络平台。高校有关部门要严格管控相关教育网站，对新媒体舆论源头进行有效监管，建设良好的新媒体校园环境。同时，还要培养一批专门的互联网监管队伍，实时掌握学生思想动态，能够做好校园新媒体舆情工作，及时清理不良信息。

（三）思想政治教育者应加强自身队伍建设

1. 构建专业的教育队伍

中央发表的《关于进一步加强和改进高等学校思想政治理论课的意见》中指出，“要努力造就一支高素质的高等学校思想政治理论课教师队伍，提出要按照专兼结合的原则，不断优化和充实高等学校思想政治理论课教师队伍，建立和完善思想政治理论课教师队伍的培训体系”。在新媒体环境下，改进大学生思想政治教育工作的一个工作重点，就是要打造一支技术与专业相结合、专职思政教育工作者与兼职思政教育工作者相结合、适应新媒体环境下的思政教育工作队伍。不仅要有较高的思政政治教育水平和教育经验，还要掌握一定的新媒体操作技巧，了解学生的思政教育特点。同时，还要选拔能够熟练使用新媒体的学生干部，发挥他们的同化作用，不断壮大和充实队伍。

2. 创新教学观念

新媒体时代是一个具有多元文化和意识形态的时代。高校要加强校园科技化建设，不断建设和完善自身的思政网站，高校思政教育教育者的工作手段和方法要与时俱进，要与社会发展同步，创新教育观念和教育模式，掌握最优教育手段。要突破传统的教育方法和手段，将新媒体有效地应用到思政教学课堂中，利用新媒体独特的技术效果来实现教育效果的最大化。在教学环节中，要重视学生的主体作用，加强学生与教师间的课堂互动和学习交流，加强学生的反馈工作建设，不断丰富思政教育的内容和手段。

思政教育工作者要冲破传统的教育观念的束缚，培养和树立思政教育的创新意识和创新观念，建设合格的大学生思想政治教育工作队伍。在以往的高校思政教育中，着重强调的是教育者的地位和作用，却基本忽略了被教育者的作用。在新媒体环境下，大学生能够随时随地收发和传播信息，能够畅所欲言，自由地表达自己的观点和意见，在这一环境下，大学生的个体性和独立性得到了充分的体现和说明，因此，这样的教育模式更受学生欢迎。思政教育工作者要具备时代的观念，与时俱进，不断创新自己的教育思想和理念，重视学生的主体地位和作用，树立平等观念，不断激发学生的创造性和自主性。同时，要发挥正面引导作用，加强与大学生的思想和情感交流，通过有效的交流和沟通，逐渐引导大学生形成自我教育的主体意识。

3. 提高教育队伍的素质和能力

高校思政教育队伍是高校思政教育工作的关键一环，教育工作队伍的素质和能力直接影响了高校思政教育能否取得成效。在新媒体环境下，要全方位地提高思政教育工作者的素质和能力，提高教育质量和水平。

高校思政教育工作者要提高对新事物的接受度，不断接受来自社会的新鲜文化，适应社会的发展步伐，同时还要结合学生的实际发展情况，创新教育观念和方法，发挥马克思主义的战斗力和感召力。要从最基本的理论上对新媒体大学生的思维、生活以及学习上造成的影响进行研究，分析有效对策。教育工作者要加强理论素养的培养，只有这样才能找寻到与学生进行沟通交流的切入点，并将教育内容直接、有效地传授给学生，提高教育效果。此外，还要熟练掌握新媒体工具的使用，科学运用新媒体资源，促进与学生的交流和沟通，及时掌握大学生的思想变化情况，第一时间遏制不良信息的潜入。

（四）加强大学生的新媒体素养教育

现今，新媒体已经渗透到了大学生的方方面面，深刻地影响和改变着大学生的世界观、人生观和价值观。这对于大学生来说，既是机遇，也是挑战。新媒体给大学生带来了海量的信息，然而信息量过大也会导致大学生思维简化。而言论的自由使学生们的言行失去了最基本的规范，容易导致大学生自我意识膨胀以及自由主义泛滥。此外，大学生过度沉迷新媒体带来的方便和娱乐，也容易导致大学生的现实社会关系衰竭，人际关系和情感日益淡薄。这些都是新媒体给大学生带来的危机，要加强大学生对这一方面的认知，这样才能端正学生对新媒体的使用态度，使其发挥在学习和生活中的有效作用。此外，大学生要加强自我教育，要学会控制自己的行为，抵制不良信息和行为，不损人利己，对自己的行为负责。在做事之前要仔细考虑可能会造成的社会影响，不利用新媒体做违法乱纪的事。同时，还要提高自我保护意识，要坚决维护自己的权力和利益，保证自己的合法权益不受侵犯，积极与损害自己利益的行为作斗争。

第四章 新媒体视角下大学生思想政治教育创新的基本问题

新媒体为大学生思想政治教育提供了一个全新的平台，极大地丰富了思政教育的教育内容和教育手段，但同时也带来了许多的负面影响。因此，在这种环境下就必须要进行大学生思政教育创新，与时俱进，不断消除新媒体给高校思想政治教育带来的负面影响，发挥正面积极作用，提高大学生思想政治教育的实效。

一、新媒体视角下大学生思想政治教育创新的必要性和可行性

（一）新媒体时代大学生思想政治教育创新的必要性

新媒体环境下，高校思想政治教育创新应以历史条件为基础，顺应时代的发展潮流，紧随时代的发展脚步，要不断优化教育的效果，促进大学生身心健康，丰富思政教育的内容。

1. 优化高校思想政治教育效果的需要

一直以来，我国高校思想政治教育都秉承着文化育人、活动育人和管理育人的教育理念，也一直是采取印材料、作报告、面对面交谈的方式与学生进行交流和沟通。然而，这种模式存在着一定的缺陷和不足，它的影响范围较小，不能实现广泛的传播，影响力和感召力弱。而新媒体的出现，使这种局面被打破了，教育工作者可以利用新媒体进一步扩大教育的影响力，优化教育效果。

新媒体技术的有效应用能够显著提高思政教育和管理工作的工作效率。它能够为高校思想政治教育提供新的载体和平台，同时也能够极大地丰富思政教育的教育内容和手段。新媒体促进了教育双方的沟通和交流，教育工作者能够实时把握学生的思想动态，而学生也能实时把握思政教育的动态。此外，新媒体含有较高的技术储备量，能够较好地满足学生日益增长的信息化需求，极大地增强了思政教育的趣味性，吸引了学生注意，提高了学生学习政治理论的热情和主动性，有利于提高教育的效果，促进学生的全面发展。

2. 培养社会主义事业建设者和接班人的需要

我国青年是社会主义建设的中坚力量，一个国家的发展和存亡主要看青年。而大学生作为青年群体中科学文化素养和思想道德素养较高的群体，更是肩负着社会建设和民族复兴的重担。可见，大学生的思想政治水平直接关系到了社会的发展、国家的进步。高校作为人才的摇篮，应将人才的培养放在教育工作的第一位，将培养具有中国特色社

会主义事业的建设者以及接班人作为我国高校思想政治教育的最根本任务。

当前，新媒体已在高校中占据了重要的地位，在大学生的成长和发展中也显示着日益重要的作用。现今，境外敌对势力企图通过新媒体对我国进行思想文化、意识形态渗透，这极大地冲击了我国大学生的社会主义理念。大学生自主意识和民主意识较强，反对传统和守旧，对于教育观念和手段排斥、抵触。因此，高校思政教育工作者应有效利用起新媒体，开辟思政教育新通道，创新思政教育新方法、新手段，牢牢掌握网络话语权，引导高校大学生树立正确的人生导向，为社会培养更多的品德高尚、具有创新能力以及创新意识的高素质人才。

3. 丰富和发展思想政治教育理论的需要

理论发展才能够引导实践的发展，而实践的发展也能够促进理论的创新。如何将新媒体有效地引入高校思政教育中，是现阶段高校思政教育工作中所面临的一个主要问题。目前，我国对有关新媒体思想政治教育的理论研究还不够深入，大部分只停留在网络思想政治教育的内涵、网络给思想政治教育带来的机遇与挑战、新媒体的特点等问题的研究和分析上，对于新媒体技术对思想政治教育产生的影响，以及新媒体环境下大学生上网行为规律和心理特点研究较少，也较为浅显。此外，对新媒体思政教育的理论研究也缺乏整体性。不能从整体的角度看待新媒体时代下高校思政教育的发展，这不利于相关学科体系的建立，也给高校思政教育带来了一定的负面影响。而且，现阶段我们也没有深入地研究高校思想政治教育的理论与实践。社会是不断发展变化的，高校思政教育的内外环境也在时时发生着变化，只有将理论结合实践，才能促进事物的发展。目前，相关的教育工作者虽对高校思政教育进行了一些理论方面的研究，但是却没有注重理论与实践的结合，对高校思政教育工作缺乏时效性研究。

（二）新媒体时代大学生思想政治教育创新的可行性

现阶段，国家十分重视新媒体下的高校思政教育的发展，同时目前思政教育工作者也越来越能够熟练运用新媒体技术，这些都为高校思想政治教育创新提供了可行性。

1. 新媒体时代高校思想政治教育的地位和作用日益突出

当今，新媒体已经占据了大学生生活和学习的很大一部分，深刻地影响着学生的思维和行为方式，塑造和改变着学生的世界观、人生观和价值观。同时，新媒体下的高校思想政治教育突破了传统思政教育模式中的种种限制和不足，受到了各高校的青睐，已经成为了高校思想政治教育的新载体。新媒体时代下，高校思想政治教育开辟了新的通道，创新了新的教育平台，扩大了教育的范围，也延伸了教育的深度，有效促进了高校思政教育的纵横发展。高校思想政治教育对我国大学生起到了积极的引导作用。它引导大学生树立远大的理想信念，鼓励大学生坚定奋斗目标，并为之不懈努力。同时，也对高校大学生的行为进行规范，增强了学生民主意识，使高校大学生更加明白自己肩负的责任和重担。此外，新媒体技术还为思想政治教育主客体之间搭建了一个沟通交流的桥梁，促进了师生之间的交流和沟通，提高了高校思想政治教育水平。

2. 符合大学生的认知规律和心理需求

新媒体环境下，网络思想政治教育有着传统教育模式无法比拟的优势。当今大学生自主性较强，在生活和学习的方方面面都体现着极强的主体意识，自己对自己的学习和生活有明确态度和规划，也有对事物一定的判断和甄别能力。而网络思想政治教育就符合了大学生的这一心理特征和心理需求。通过网络思政教育，大学生可以自由选择和提取需要的信息，自行系统、科学地分析和判断网络中纷繁复杂的信息，从而提高自我支配能力以及控制能力，将教师输出的教育信息主动地转化为自身信念，并使其外化为行动。❶

网络思想政治教育有效地调动了大学生参与教学的主动性。在网络思政教育过程中，学生不再是被动的接受者，而是可以主动地去汲取网络思想政治教育内容，自我认清自身实际情况与社会需求之间的差距，激发自己的潜能，发挥自己的能力，提高自己解决困难的能力，自觉的抵制消极因素的影响。

在互联网上，人们之间的交往更加自由而直接，学生们可以选择微博、博客等各种网上交友途径进行交友。这种网络交友打破了时空的局限，其具有的匿名性特征，使学生可以吐露心声，畅所欲言，可以满足不同学生的心理需要。

3. 高校思想政治教育工作者积极响应

现今，大部分高校思想政治教育工作者的政治理论基础较为扎实，有着较高的心理素质和思想道德素质，同时也能够较为熟练地操作网络工具，具备一定的科研创新能力。

高校思想政治教育工作者越来越重视新媒体相关知识的学习和研究，在课余时间积极参加各种网络知识讲座、培训班等，不断地提高应用新媒体技术的能力。主动阅读媒体技术相关的杂志、新闻，注意研究网络思想政治教育的形式、特点、方法等相关内容。此外，高校思想政治教育工作者始终坚定自己的马克思主义信仰，不断培养和提高自己政治鉴别力和政治敏锐力，抵抗国内消极思想以及西方思潮的不良影响，有效做好大学生思想政治教育工作。同时，高校思想政治教育工作者运用新媒体创新思想政治教育的能力越来越强，在教学实践中创新思想政治教育的新形式，不断总结新经验，改进教学方法，不断充实思想政治教育的内容，不断创新网络思想政治教育的理论。

二、新媒体视角下大学生思想政治教育创新的规律和理论依据

根据大学生的特点以及成长成才的规律，从前辈教育家、哲学家的优秀教育理念和理论研究入手，我们发现，新媒体视角下高校思想政治教育工作的创新其实是一个与时俱进、自然而然、适应人类自身发展的过程。

（一）大学生的特点与成长成才规律

大学生处于身心发展的关键时期，年轻有活力，素质高，有强烈的探索欲，上进心

❶ 徐建军．大学生网络思想政治教育理论与方法 [M]. 北京：人民出版社，2010：135.

强，是当今社会最为活跃的一个群体，他们享受着丰富的物质文化和精神文化，但也承担着来自社会和家庭方面的巨大压力。我们要全面探索和研究大学生成长成才的规律以及大学生的思想特点，以更好地促进大学生的成长和发展。

1.当代大学生的主要思想特点

（1）思想主流积极向上，但存在部分消极倾向。大学生普遍都具有较为强烈的政治意识和爱国意识，他们时时刻刻都关注着国家大事。大学生不会被有限的圈子束缚，他们期望跳出围墙去探索外面的世界，他们拥有极强的政治认同感，有着强烈的社会责任感和爱国热情。港澳回归时，他们欢呼；申奥成功时，他们喝彩；汶川大地震时，他们奉献爱心。我国大学生时刻关注着国家的各个大小事，并用实际行动证明着自己对于国家和人民的热爱，为国家的发展和繁荣奉献出自己的力量。

（2）拥有较高的社会责任感以及道德素质，但也受到了不良社会风气影响。我国大学生积极向上，通过自己的不懈努力去实现梦想和人生价值。他们有着较高的思想道德素质，自觉遵守社会公德，在为人处世上表现出较好的人格品行。然而，如今大学生身处的社会并不是全然干净纯洁的，其中不乏一些不良风气和消极思想，大学生也或多或少受其影响。比如，当前一些大学生的学术抄袭、考试作弊以及投机取巧行为等。现在，有不少大学生深受市场经济趋利思想影响，万事以利益为主，“利己”思想根深蒂固，这种现象在高校大学生中非常明显。

（3）逐渐接受西方思想观念，但受中国传统思想的影响仍根深蒂固。自改革开放以来，社会思想已经有了极大的改变和丰富，当代大学生普遍对西方民主法治、自由平等、公平竞争等先进的价值观念和思想观点的吸收和接受度较高。虽然，现今我国大学生已经能够实现与世界的快速接轨，但中国传统思想在大学生中的影响仍是根深蒂固的，他们既继承了我国传统思想的积极部分，也继承其中消极部分。我国自古以来就是一个“人治”的社会，十分讲究“人情味”，人与人之间总是存在着这种那种的人情关系，请客吃饭“走后门”等现象仍较为严重，这在我国大学生中也普遍存在。

（4）大学生社会认知比较正确、全面，但是具体行为经常与认知相脱节。大学生有着崇高的个人理想与社会理想，也时常会出现理想与现实不符的状况，而这种理想与现实的差异极有可能导致大学生巨大的心理落差，大学生会因此萎靡不振，失去目标和动力，为了追求所谓成功而选择错误的途径，追求所谓“实惠”。再比如，大学生是非观强烈，道德认知水平较高，能够客观地看待一件事。但是，一旦自己成为当事人，他们往往失去客观的看法和态度，一味追求自己的利益，行为失去准则。

2.当代大学生的成长成才规律

当代大学生的成长成才规律主要表现在以下几方面。

（1）要适应独立于社会的起始阶段。当代大学生承受着来自社会和家庭的压力，精力全部放在了学习和书本上。在进入大学以前，读好大学、好专业，取得高考好成绩是大学生学习的最主要、最直接的目标，就算是关心时事也是为了考试答题需要。而在迈入高校之后，这一切发生了彻底的改变。大学生们离开家进入社会，以往家长和班主任的高压已经不在，所有的一切都必须自己负责、自己承担、自己处理，他们面临的问题就是要如何为人处世，如何规划自己的未来。学校是学习和交流的地方，同时它也是一个小型的社会，也影射了社会中的某些方面和某些现象。在进入这个小型社会后，一些学生会感到无所适从，尤其是以前过于依赖家庭的学生就会茫然失措，难以适应新的生活环境。在这种情况下，学校要加强对学生的引导，帮助他们适应学校生活，培养主体意识和独立精神，引导大学生逐渐走向成熟。

（2）要适应大学的学习生活。大学生在进入高校之前，生活的大小事都是由家长一手打理，自己基本没有自立自主过，而进入大学之后，大学生就必须要脱离家庭的温床，自立自主。这对于刚刚迈出家门的大学生而言无疑是困难的，他们遇事很难抓住对的时机，做出对的决定。我国高校思想政治教育课程如何确定培养目标才能够实现自身的进一步发展，是相关教育工作者必须要考虑的问题。想要解决上述问题，高校思想政治教育课程就必须要充分挖掘学生的自觉性、主动性，使学生的努力方向与人才培养方向保持一致，这样才能实现高校思想政治教育的人才培养目标。也正是因为这样，教育工作者就要和大学生共同去探求大学是什么，以及如何确定自己的奋斗目标，如何规划自己的生活和学习等，要在潜移默化中培养学生的学习和思考能力。

（3）要实现从感性到理性的提升。一些大学生也会存在政治信仰和理想信念迷茫的现象。大学生接触的政治理论较多，自接触书本知识以来也学过不少的有关社会主义的哲学、政治经济学知识，然而，他们所学习的这些知识很大程度上只是为了应付考试。而高校思想政治教育采取这种教育模式，将很容易使学生产生对相关理论的抵抗心理，不能够正确对待和认识有关理论。并且在外界各种负面思想的影响下，有些大学生抵抗不了就会逐渐向边缘化方向发展。当代大学生相比父母辈来说，在生活和学习环境上都有了极大的改善，就像一朵“温室的花朵”，在经历现实的风吹雨打，暴晒雨淋时大学生应当将其面临的诸多问题逐步上升到理性的高度，并寻找其中规律，此外还应当对其予以科学的引导，使他们学会思考、学会回答，一步一步走向成熟。

（二）理论依据

1. 马克思主义关于人的全面发展理论

马克思主义是从现实的个人出发来关注人的全面发展，并且从不同侧面研究了人的全面发展的丰富内涵，具有极强的指导作用。

（1）“人的全面发展”理论内涵。

①个人的能力（包括体力和智力的）的充分自由发展。马克思认为个人能力是形成其他活动的物质基础，是一种历史性的社会实践活动。正因如此，只用通过不断的社会实践，提高生产力，才能进一步丰富和充实人们之间的人际关系，使人的体能和智能得

到充分的发挥。[1]

②人的才能的多方面发展。马克思和恩格斯认为，一个人只有充分挖掘并发挥了自己的才能，才能在社会中占据重要地位。然而，现实总是会限制人的才能的发挥，阻碍人的自由发展程度。这主要体现在社会条件制约和自然环境制约等两个方面。人只有处于充分的发展条件下，其才能得到充分发展。因此，为了能够使每个人能够自由发展本性，就必须要为其培育和创造良好的生活条件。[2]

③人的社会关系的丰富和发展。人具有社会属性和自然属性等双重属性。自然属性，主要是指经历了长期的自然界发展后，形成了人类。社会属性，则是指人是社会发展的产物。马克思认为，人的全面发展与社会关系的发展具有本质上的联系。我们应当抛弃不平等的社会关系，冲破束缚人全面发展的围墙，为人的能力发展营造更为广阔和自由的空间。

④个人与社会的协调发展。人得以全面发展的一个重要前提就是个人同社会协调发展。个人的发展以及社会的发展，两者并不是孤立存在的。只有在社会发展的基础上，个人才能实现发展，而个人的发展也对社会的发展起到促进和推动作用。一方面，人的活动和人的关系共同构成了社会，社会不能脱离了个人的发展而实现发展。另一方面，社会的发展是个人发展的基础，社会发展为个人发展提供了必要条件。[3]可见，个人与社会应和谐统一，实现个人和社会的共同发展。

（2）人的全面发展是大学生思想政治教育追求的目标。

①马克思主义从“现实的个人”出发来探讨人的全面发展。马克思认为，无论是哪一种社会形式都是人们交互活动的产物“历史不过是追求着自己目的的人的活动而已。”[4]因此，我们要积极主动地开展思想政治教育工作，朝着高校思想政治教育的目标不断前进，促进大学生的自由、全面的发展。

②大学生思想政治教育对大学生全面发展有促进作用。大学生思想政治教育是全面发展教育中的重要一环，它关系着整个人类的发展方向，在人的自由和全面发展中起着促进和导向作用。当前国际形势不断发展变化，国际新情况不断涌现，尤其是在经济建设过程中，我国所体现出的社会化、工业化和信息化的发展趋势，要求我国高校必须整合思想政治教育，促进大学生的全面发展[5]，要充分借鉴和运用新媒体条件下的各种新型教育资源及方式，坚持德育为先、育人为本、全面发展、能力为重，不断提升大学生

[1]《马克思恩格斯全集》（第 42 卷）[M]. 北京：人民出版社，1972.
[2]《马克思恩格斯选集》（第 4 卷）[M]. 北京：人民出版社，1995.
[3]《马克思恩格斯选集》（第 1 卷）[M]. 北京：人民出版社，1995.
[4]《马克思恩格斯选集》（第 2 卷）[M]. 北京：人民出版社，1957.
[5]《马克思恩格斯全集》（第 30 卷）[M]. 北京：人民出版社，1995.

的社会责任感以及解决问题的实践能力。[1]

2. 杜威的“教育即生活”理论

在借鉴20世纪初约翰·杜威（哲学家、教育家）教育思想中积极先进的成分的基础上，系统地阐述我国思想政治教育在新媒体背景下发展方向具有非常重要的意义。

（1）主要思想观点。

①“教育即是生活”。杜威认为，真正的教育在于教育历程，也就是人的天性、本能、兴趣和冲动等。他不赞同呆板的、外插式的教育，认为教育不应为将来的生活做准备。并且认为不应将教育目的作为控制教育的观点，因为不利于个人能力和个性发展。

②“学校即社会”。杜威提出了“学校即社会”的说法。[2]他认为学校是一种社会组织，是社会生活形式的一种，因此，应将校内学习同校外学习紧密联系起来，同社会组织紧密联系起来。也就是说，我国高校应具有社会组织的特点，并发展成为新型的社会机构。

③“以学生为中心”。杜威极力否定思想政治教育中以教师为主的传统教育模式，认为传统的教育模式是简单的知识灌输，过于呆板僵化，不利于调动学生学习的兴趣和积极性。

（2）对新媒体视角下大学生思想政治教育的借鉴意义。

杜威教育哲学的意义现今仍充满了智慧以及思想之光。借鉴、吸收其教育思想，这有利于我国高校思想政治教育工作在新媒体时代的开展。

①借助新媒体信息平台，实现思想政治教育内容社会化。杜威认为，只有在社会大环境中，知识才能具有教育性。[3]也就是说，教育内容只有与现实生活进行有机结合，并且只有在教育理论与生活理论结合在一起的情况下，学生才能真正获得知识，学到知识，才能实现自身发展，并进而形成自身的价值观。然而，就这一方面看来，我国的大学生思想政治教育的教材大多数都将理论孤立出来，并未实现理论与实践的统一；在教学过程中，假使教师采用传统的教学方法进行授课，一味采用书面教育、灌输式教育教育学生，那么将会极大地遏制学生的主动性和积极性。此外，大学生思想政治教育工作者在日常的工作中应当积极接触并熟练掌握新媒体手段，广泛收集第一信息资料，培养良好的媒介素养，并在此基础上增进与学生的沟通和交流，增强大学生思想政治教育的感染力。

②更新思想观念，强调学生的主体地位。在传统的教育活动中，教师通常都处于绝对的主导地位，而学生则在这一学习过程中处于被动地位，这种知识传输和教育模式都较为机械和僵硬，不利于引导大学生形成自己的观点和看法，也不能较好地满足学生对思想政治教育的需求，不利于大学生思想政治教育效率的进一步提高。杜威对于传统教

[1] 张海国. 马克思主义关于人的全面发展理论与大学生思想政治教育. 学校党建与思想教育（高教版），2012(1)：22.

[2]（美）杜威. 教育论著选 [M]. 赵祥麟，王承绪，译，上海：华东师范大学出版社，1981.

[3]（美）杜威. 杜威五大演讲 [M]. 合肥：安徽教育出版社，2005：99.

育中“以教师为中心”的教学过程进行了全面的批判，批判的内容同大学生思想政治教育面临的挑战、应当进行的深思与变革不谋而合。正因如此，在新媒体时代下大学生思想政治教育应当积极转变思想观念，与时俱进，突出强调大学生的主体地位，通过多种新媒体手段为学生打造一个自由平等、真诚互信的平台，不断增进学生之间、学生与教育工作者之间的沟通和交流，锻炼和提高大学生的思维能力和学习能力，进一步提高我国高校思想政治教育的实效性。

3. 高校思想政治教育理论

高校办学的主要目的在于为社会进步、国家发展培养有用人才，这决定了新时期高校思想政治教育工作应坚持以育人为本、德育为先，要以实现大学生全面发展为主要目标。特别是在新媒体环境下，大学生思想政治教育仍然要遵循高校思想政治教育的要求，与时俱进、开拓创新。

（1）高校思想政治教育定位与取向。

①以培养社会主义事业建设的接班人和建设者为立足点，同时要充分体现高校中大学生的主体地位以及以人为本的教育思想理念。[1]大学生是一个国家的宝贵财富，是一个国家和民族发展的未来。现阶段，我国高校思想政治教育的目标定位的最主要依据就是要使大学生成长为中国特色社会主义事业的合格建设者和可靠接班人[2]。此外，要注意不能将政治素质进行片面的目标理解。社会主义社会以人为本，是人得以全面发展的社会，特别是进入新媒体时代，要充分重视和体现大学生的主体地位；要对大学生心理进行全方位、深入的了解和分析，并在此基础上对高校思想政治教育的目标进行定位，有针对性、目的性地设计教育活动和组织活动，潜移默化地对大学生进行思想政治教育，逐步提高大学生的思想政治教育水平；以此，要充分体现大学生的差异性，要以提高大学生的综合素质为重点教育目标，充分开发和挖掘大学生的能力和潜力，突显大学生个人个性优势，并逐步形成一种高尚的、独立的品格。

②要以增强大学生的国家意识和民族意识为立足点。我国高校思想政治教育要培养大学生强烈的民族意识，要帮助大学生树立实现中华民族伟大复兴的信念理想；弘扬中华传统美德和优秀传统文化；展开有关爱国主义、我国基本国情的知识内容讲解，使学生谨记要时刻以国家利益为先，自觉维护国家利益和民族利益。此外，我们也要认识到，在经济全球化以及新媒体的时代背景下，高校思想政治教育应当一方面加强大学生的基本国情教育，另一方面加强国际经济形势和政策方面的教育，培养大学生的国际意识和全球视野；既要积极学习西方思想文化中的积极成分，又要坚决抵抗西方思想文化中的消极、腐朽部分，从而促进我国民族经济文化的进一步发展，实现中华民族的伟大复兴。

---

[1] 张艳君. 和谐社会背景下高校思想政治教育的目标定位[J]. 思想政治教育研究，2007(3).

[2] 参见胡锦涛同志在2005年初的全国加强和改进大学生思想政治教育工作会议上的讲话.

③要将主流意识形态和政治素质作为发展的首要目标，注重大学生的全面成长和发展。在现今信息化时代，各种思想和文化思潮不断进行碰撞和交融，在这种环境下，必须有科学的思想理论才能有效指导大学生的培养方向，同时还要借助于新媒体的力量来实现对大学生的针对性引导。然而，进一步完善政治素养也不是高校思想政治教育目标定位的唯一内容，而是将推进素质教育同我国高校大学生的思想政治教育工作有机结合到一起，推进高校思想政治教育的纵深发展。

（2）高校思想政治教育的任务与特点。2004 年，国务院发布《关于进一步加强和改进大学生思想政治教育的意见》，该意见进一步明确我国高校思想政治教育的主要任务，具体内容如下。

①在高校思想政治教育中，要坚持以理想信念教育为核心。要用社会主义指导思想武装大学生，使大学生更加了解党的路线、纲领、理论以及经验，对大学生展开历史、形势政策以及基本国情方面的教育，实现科学发展观教育，帮助大学生全面了解和思考我党以及我国的命运和前途，了解和掌握以及社会发展规律。

②高校思想政治教育要对大学生潜移默化地进行民族精神培养。要弘扬我国的优秀文化和民族传统，进行中国革命传统方面的教育，培养和树立大学生的民族自豪感和自信心。教育工作者要将时代精神与民族精神融合起来，使大学生时刻保持艰苦奋斗、昂扬向上的工作作风和精神状态。

③高校思想政治教育要对公民进行道德教育。教育工作者要对学生进行爱国守法、明礼诚信方面的道德教育，进一步提高大学生的道德水平。要鼓励和引导大学生主动融入社会实践活动。修订完善大学生行为准则，引导大学生逐步培养成良好的文明行为和道德品质。

④高校思想政治教育要对大学生进行素质教育。要对大学生进行民主法制教育，培养增强遵纪守法观念，使大学生成为“四有”人才，成为社会主义建设的有力建设者和可靠接班人。

4. 需要理论

对于大学生思想政治教育来讲，以需要理论为基础，全面把握新媒体视角下的大学生思想政治教育的关键点，找准着力点，可以有效地利用新媒体手段将大学生思想政治教育化为思想交流、坚定信念的保障。

（1）大学生思想政治教育以需要理论为前提。马斯洛需要理论将需要划分为生理需要、安全需要、社交需要、尊重需要及自我实现需要等层次，五种需要是按照一定的层级递进的，只有在低层次需要得到满足以后，更高层次需要才会出现。对于大学生来讲，在解决基本温饱问题以后，逐渐产生了攀比、尊重、社交的需要，如部分大学生为了掩盖贫困，满足虚荣心，在日常生活中奢靡浪费的现象普遍。然而需要理论为大学生思想政治教育提供了解决问题的方法，根据大学生需要差异，可以更好地了解大学生行为及需要之间的联系，揭示大学生需要动因。

（2）主动了解大学生需要结构。人的需要是随着社会的发展而不断变化的，在新媒体时代，要求与时俱进地把握学生需要的时代脉搏，认真解读大学生的需要，可以更好地个性化地开展大学生思想政治教育，构建起平等、互动、活泼的师生关系。

一是主动适应国际发展新环境，了解国际多元文化思潮的动态，把握国际发展环境特征，了解大学生国际化需要，主动适应国际发展新环境，运用新媒体丰富思政教育内容；二是利用新媒体，对大学生需要趋势进行预测，掌握大学生心理倾向，直接避免大学生思政教育需求难以满足的问题；三是新媒体视角下大学生思想政治理教育要树立新标杆，制定思政教育新标准，主动将思政教育与时代发展衔接起来，预测思政教育发展趋势；四是因需施教，推动大学生思想政治教育个性化的发展。新媒体视角下大学生思想政治理论课教育，需要教师积极探索新的教学方法，以满足大学生个性需要。

三、新媒体视角下大学生思想政治教育创新的主要原则

新媒体时代，高校思想政治教育是一项系统的、长期性的工作，需要遵循一定的原则，只有这样，思想政治教育才能够向更为健康的方向发展，达到预想的教育效果。

（一）教育目标隐蔽性与内容渗透性相统一的原则

新媒体时代，高校思想政治教育应当依托和通过新媒体平台逐渐渗透到其他活动中去，要坚持教育内容的渗透性与目标的隐蔽性的有机统一。具体来说，就是高校要依托QQ、微博等新媒体形式有目的性、计划性、针对性地熏陶学生，充分激发学生的兴趣热情和参与意识，使学生在无形中接受教育和感染。[❶]这要求高校思想政治教育工作者充分了解和运用新媒体手段，同时保持足够的耐心，在认真选取好核实好媒介与教育目标之后，隐蔽暗示、逐渐教育、逐步渗透。

（二）教育内容多元化与思想主导性相结合的原则

内容多元是指内容的丰富性、多样性，思想主导是指在社会中某种主流思想占据主导性地位。主导性是指某种现象和事物在多种现象或事物中占据主导地位，而这一种现象或事物往往规定其他所有现象或事物构成的整体系统的性质和走向。[❷]内容多元就是受到主导思想的引领在思想主导的基础上存在与发展的，两者存在“主”与“次”、“一”与“多”的关系。

世界文化发展的多样性和主导思想的一元性决定了内容多元与思想主导相结合的原则。不同的地域之间，其文化存在着明显的差异，并且在同一地域之间也会存在着不同的思想观念和价值观。因此，高校思想政治教育创新是与文化的多元不相分离的。同样，主导思想也离不开多样文明的补充和支撑，高校思想政治教育也应当坚持内容多元与思

❶ 申晶晶．新媒体背景下高校隐性思想政治教育研究 [D]. 浙江师范大学硕士论文，2012：26.

❷ 郑永廷．现代思想政治教育学 [M]. 北京：人民出版社，2006：200.

想主导相结合的原则。

新媒体时代，信息内容多元化发展，高校思想政治教育创新应当一方面弘扬主流文化，一方面倡导文化的多元化，在传播社会主导思想和社会主流价值观的同时，又要主动吸收和借鉴国内外的先进经验和思想文化。教育工作者要坚持用马克思主义、毛泽东思想和中国特色社会主义理论占领高校教育阵地，在学生中普及社会道德规范、宣传社会主义法治，倡导社会主义核心价值观。此外，还应不断吸收先进的思想理念，更新传统的教育观念，关注和分析社会上存在的其他流派和思想，将其中积极正面的内容引用到高校思想政治教育中去，丰富教育内容，形成在主导思想指引下的良性发展，为高校思想政治教育打下坚实牢固的基础。

（三）教育手段非强制性与过程长期性相统一的原则

鉴于当代大学生接受事物的特点和认知的规律，大学生思想政治教育应当运用感染、引导、熏陶等方式，循序渐进地向学生传输思政教育的教育理念、教育目标，传授正确的行为方式和价值观念。并且，大学生思想政治教育工作者要熟悉当前网络上流行的网络语言和网络交流习惯，这是一种语言交流形式，也是一种文化形式，如果能在思想政治教育过程中很好地理解并且运用这种文字形式和思维方式，就能拉近与学生的距离，深入学生内部，取得学生的信任感，这有利于更好地展开思想教育活动。调查显示，在思想教育过程中，教育者接受教育的时间与效率是成正比的，接受的教育时长越长，教育效果更好，因此，教育工作者应时刻保持耐心和恒心。[1]

（四）教育方式差异化与载体实用性相统一的原则

在新媒体时代背景下，大学生思想政治教育工作者应当采取思想政治方面的教育，一定要注重载体选择的实用性和适用性。新媒体的种类繁多，在思想政治教育中要分析学生的特点并根据不同的新媒体手段，选择适当的新媒体，营造良好的教育环境，这有利于提高大学生的自主性和参与性，同时还有利于提高高校思想政治教育工作的实效。

（五）积极防范与主动教育相结合的原则

新媒体有着传统媒体所无法比拟的优势，给人们生活和学习带来了很多便利，但同时它带来了很多负面影响。新媒体时代下，高校思想政治教育要正确看待新媒体，积极防范，趋利避害，防患于未然。新媒体是一把双刃剑，有好有坏，这决定了主动教育与积极防范相结合的原则。新媒体为我国高校思想政治教育提供了多样化的教育手段和教育形式，拓宽了大学生的知识来源途径，为大学生提供了更广阔的学习平台，激发了学生的学习兴趣，拓宽了学生的视野。但与此同时，我国正处于社会转型期，利益主体多元化，各种社会思潮、思想观点、价值观等相互并存，其中也不可避免地存在着一些与中华民族传统道德相悖的内容，这些内容通过新媒体在大学生间扩散并造成影响。因此，新媒体时代下的大学生思想政治教育必须要做到积极预防，充分发挥新媒体的积极作用。

[1] 陈华洲．思想政治教育方法论 [M]．武汉：华中大学出版社，2012：179.

具体而言，高校应当加强对校园网的依法管理，建立完善的信息监管体系，健全互联网道德约束机制，构筑安全防线。同时，要加强校园网站以及局域网的绿化建设，在网络上传播正面的思想文化，用积极、先进的文化成果占领校园网络阵地，弘扬主旋律，打造健康、有校园特色的有序的校园网站。坚决抵制和批判错误的思想观点以及外来的西方资产阶级的反动思想。同时，要加大校园网络建设的投入力度，购买先进的网络配套设施，培养专门的网站软件开发人员、建设管理人员。主动教育与积极防范相结合的原则要求我国高校大学做好网络服务工作和媒介素养教育。首先，高校应采取循循善诱的说服教育，增强学生法律意识，引导大学生认识新媒体的两面性，促进大学生对新媒体的良性使用。教育工作者应当进一步挖掘和利用新媒体的优势，全面开展网络道德教育，规范大学生的网上行为，用社会主义先进文化占领新媒体阵地，营造健康、文明、诚心的媒体文化氛围，把大学生的思想引导到正确的方向上来。其次，高校要加强校园网站的服务功能开发建设，构建完善的网上服务系统，从生活和学习上协助学生、引导学生，发表与学生学习和生活相关的文章和报道，从而实现高校大学生的全面健康发展。

第五章　新媒体视角下大学生思想政治教育创新的主要思路与对策

新媒体时代，大学生能够通过各种不同的途径完成思想政治教育，对于传统的思想政治教育来说是一场极为严峻的挑战，同时也使得当代大学生的思想政治教育的创新变得更加紧迫。

一、新媒体视角下大学生思想政治教育内容结构的优化

（一）新媒体时代大学生思想政治教育内容结构优化的依据

在思想政治教育活动中，教育者通过一定的方式和手段，对受教育者传递的思想政治观念以及社会道德规范被称为思想政治教育内容。在学界中普遍认为，大学生思想政治教育的内容结构是由诸多内容构成大学生思想政治教育体系，进而形成了一定的体系结构。其中不同的内容都在发挥着或多或少的作用，占据着或主要、或次要的地位，其基础是心理教育，重点是道德教育，先导为思想教育，而核心为政治教育。[❶]同时，另有学者在这一基础上加上了法纪教育，其中基础是道德教育，导向是政治教育，前提是心理教育，基础是法纪教育，而根本是思想教育，这五种内容融会贯通并形成合理而稳定的结构，将大学生思想政治教育的整体功能发挥至最大值，获得最佳教育效果。

1. 理论依据

在新媒体时代，大学生思想政治教育面临前所未有的考验和挑战，对思想政治教育的要求是，其结构与内容必须要与时俱进、不断优化。其主要的理论依据是马克思主义系统结构理论。马克思主义系统观将宇宙间所有的事物都看作是相互作用、相互联系、相互影响的一个系统。并且，马克思与恩格斯还提出了物质层次理论，认为存在很多不同层次的物质结构，这些物质层可以无限小或无限大。马克思主义有关系统结构的理论，对新媒体时代下高校思想政治教育内容结构优化产生了显著的作用，其启示主要有以下几个方面。

第一，要用联系和发展的观点看问题，要仔细考察和分析高校思想政治教育内容体系中的各个部分，深入研究如何采用以及通过怎样的方式结合才能使整体功能发挥至最大；要仔细考虑社会存在的发展，及时有效调整高校思想政治教育内容结构，促进高校思想政治教育科学发展。

第二，对于新媒体时代大学生校思想政治教育而言，物质结构层次对其的要求是，要对思想政治教育的内容进行科学的分层，进一步促进大学生思想政治教育内容构建

❶ 张耀灿，等. 现代思想政治教育学 [M]. 北京. 人民出版社，2001：179-219.

合理。

此外，还包括马克思主义关于社会存在于社会意识之间的关系原理，人的全面发展与本质的学说等。

2. 实践要求

不管是在国内还是国际上，新媒体视角下的大学生思想政治教育度在实践领域都出现了新情况和新问题。在国内，思想政治教育需要渗透在人们的物质经济生活中，其面临的挑战是巨大的。而在国际上，国家与国家之间的交往日益频繁，各种思想、价值观念的碰撞不可避免，在日益复杂的国际政治环境中，大学生思想政治教育的内容面临着严峻的挑战。对此，我们应当有理论勇气，勇于打破传统的教育框架。

从技术方面而言，新媒体时代为大学生思想政治教育带来了许多优势和好处，但同时也对传统观念发出了挑战。对此，我们应该勇于承认和认清当前传统观念所存在的局限和弱点，敢于突破传统框架，勇于实践和创新，以进一步丰富大学生思想政治教育的内容。事实上，我国大学生思想政治教育在多年的调整和发展中，形式上的改革较多，就其内容来看并没有多少改动。然而，我们必须认清正是由于内容结构方面存在的问题才致使大学生思想政治教育实效性低的这一事实。

（二）新媒体时代大学生思想政治教育内容结构优化的原则和要求

新媒体为大学生思想政治教育开辟了一片崭新的天地，同时也对大学生思想政治教育发出了严峻的挑战。传统思想政治教育观念不可摈弃，应与时俱进，根据实际情况和要求进行充实和重组。

1. 内容结构优化的原则

（1）整体与局部统一的原则。思想政治教育本身是由多个要素共同组成的复杂的动态系统，这些要素组成的各种形式就是思想政治教育的整体结构。至今，针对基本结构，学界给出的相关提法有“三要素论”和“四要素论”。“三要素论”主要包括教育环境、教育者和受教育者，“四要素论”则是环体、客体、介体以及主体等。不管是三要素、四要素，或是其他多种要素，它们始终都有一个共同点，那就是系统是一个由各个要素之间相互作用、相互影响而形成的统一整体，而在整体系统中还可分为各子系统，也就是客体、评估、目标以及主体结构等。而整体与局部之间的关系为：整体是核心，但在某些时候，一致性并不在整体与局部优化之间必然存在，有时甚至有一定的不同步性与不均衡性存在。因此，我们必须坚持系统论中的整体性原理。新媒体时代大学生思想政治教育的内容结构优化，应在优化整合政治、法制、思想教育、道德等各个子系统的内容结构的同时，还应对每个子系统的内容体系进行不断补充和完善，并将其置于整个教育系统中进行综合考虑。

（2）层次性和针对性相统一的原则。大学生思想政治教育的实践工作中，其教育内容存在着很多的问题，直接导致了教育的实效性偏低，比如，泛知识化、统一规范化和泛政治化等。大学生思想政治教育对象、目标、内容和方式体现了一定的针对性与层次性，此处应着重强调内容方面，体现其动态性。大学生思想政治教育内容应与其目标对应起来，体现其层次性。第一，应针对同一个体的不同阶段，坚持共时一生和历时一生的结合，根据时代的特征适度调整当前教学内容。第二，应针对不同的群体，坚持先进性和广泛性的结合。

（3）将理顺要素关系与质量相统一提高的原则。新媒体时代，在对待大学生思想政治教育内容结构优化的问题上，切不可舍本逐末。就其教育内容而言，要保证各项内容要素应具有丰富的内涵，在内容体系结构中，应保持应有的地位和顺序。若是各个内容要素中的内容要素主次模糊，不明确，就会导致结构不合理。此外，在确保了明确的主次和地位之后，却忽视了某些内容，也会导致内容体系的不完整性、结构的片面性和不合理性。而若只重点强调思想政治教育的主导作用，视野就会缩小，导致思想政治教育的内容单一和时效性低。

2. 内容结构优化的要求

（1）内容结构的层次方面。在纵向结构方面，要坚持层次性和针对性相结合的原则；在横向结构方面，坚持主导性和全面性相结合的原则，克服单一化和简单化。

（2）内容选择方面。在内容选择上，要充分体现其理论性与实践性相结合的方式，克服抽象的、晦涩的和僵化的方式。当前大学生思想政治教育内容却并没有很好地体现这一点，在其内容结构安排以及语言描述上都较为晦涩而生硬，与实际相脱离。在传统政治经济文化环境的影响下，大学生思想政治教育内容具有绝对的权威性，但也因此而陷入僵化，发挥的能量较小。由此，经典理论囿于旧框架，如一潭死水而没有活力，大众对这些经典理论的理解度低，自然无法增强认同感，也转化为有效的行动力。因此，在内容选择上必须注意以下两个方面的问题。

第一，做到“三贴近”，也就是说大学生思想政治教育内容结构优化应当贴近学生实际、专业实际以及社会实际。

第二，要与学生生活相结合，也就是说大学生思想政治教育内容结构优化要多多考虑处在成长发展关键时期的学生的生活。

（三）新媒体时代大学生思想政治教育内容结构优化设计

新媒体时代大学生思想政治教育内容结构优化，必须要遵循相关理论和原则的指导，积极调整优化方案，促进优化成效最大化。

1. 政治层面：以政治教育为核心，突出高校思想政治教育的主导性内容

大学生思想政治教育内容丰富，政治教育在其内容体系中占据主导地位。政治教育主要包括政治理想、方式、情感方法、观点等。其中理性信念教育是政治教育的主导教育。[1]现今国内国际形势复杂，瞬息万变，当前大学生思想政治教育工作的主要任务是，

[1] 张耀灿，等. 现代思想政治教育学 [M]. 北京：商务印书馆，2006：264.

要对大学生进一步强化爱国主义、集体主义以及社会主义教育，增强大学生的社会责任感和国家归属感。始终坚持党的基本理论、原则、路线与纲领以及真正的“讲政治”，前途由道路决定，方向同样由道路指明。大学生思想政治教育应以实践为基础，始终坚定自己的道路自信；应认清中国特色社会主义道路实现社会主义现代化的必然选择，是共创美好生活的必经之路。通过对大学生展开强有效的政治教育，使学生进一步了解社会发展规律，认清国家和社会的发展前景以及自己的社会责任，坚定实现中华民族的伟大复兴的理想与信念。此外，还要引导大学生去追求更高的目标和理想，培养为目标而勇于拼搏的不懈斗志，树立伟大的共产主义理想与马克思主义的坚定信念。

2. 思想道德层面：自觉树立社会主义核心价值观，优化高校思想政治教育的基础性内容

行为规范教育是道德教育的主要内容。道德教育主要目标是旨在将道德规范内化，培养个人的道德情感，提高道德判断能力，致使道德行为养成并提高人的道德品质。思想政治教育进行的主要的教育是方法论与世界观方面的教育，其中需要重点解决的问题是主观与客观相符的问题。

在全球经济一体化发展的大背景下，社会经济成分、利益关系以及组织形式都呈现出多样化的发展方向，而人们的思想活动也越来越具有差异性、多边性、独立性以及自主性。与此同时，社会思想愈加活跃，各种新的思潮不断涌现，对当代大学生的思想造成一定的影响和冲击。新媒体时代下，大学生思想政治教育应以大学生的实际思想状况为立足点和出发点，以社会主义核心价值观为引导，树立正确的人生观、价值观和世界观，以实现学习和工作的目标。

于一个国家而言，核心价值观是极为重要的，它是核心价值体系的精髓，也是人们应始终遵守和追求的基本规范和价值理念。党在十六届六中全会以及党的十七大、十八大等会议上均提出了与时俱进的社会主义核心价值观。

3. 文化层面：弘扬中国传统文化，融入世界文化，奠定思想政治教育的人文精神根基

新媒体时代是一个信息急速膨胀的时代，它给传统的人际关系和人伦关系带来了极大的冲击和挑战，若是没有把握好尺度，必会造成不良影响。从文化层面来分析，文化多样化的发展背景下，世界各国的传统文化都受到了一定的影响和挑战，也在一定程度上冲击了我国大学生思想政治教育工作的文化根基。马克思指出：“人类的历史是由自己来创造，但并不是任意为之的，同时也不是由自己选定条件来创造，而是在过去继承的、直接碰到的、既定的条件下创造的。”[1]因此，新媒体时代大学生思想政治教育内容结构优化，必须要大力弘扬我国思想道德教育的优良传统，积极吸收和借鉴国内外思想政治教育的优秀成果，坚持与时俱进，不断赋予其新的时代内容和民族文化特色，引导大学

[1] 马克思，恩格斯选集（第1卷）[M]. 北京：人民出版社，1995：585.

生树立人文精神和民族精神。

4. 技术层面：加强媒体素养教育，发挥高校思想政治教育内容结构的正能量

对新媒体时代大学生思想政治教育的内容结构进行优化时，需要持续不断地更新思想政治教育的内容，不断推进教育内容结构升级。社会和时代的发展和进步，以及科学技术水平的提高，无一不强调着大学生思想政治教育的内容需要同步更新和发展。

马歇尔·麦克卢汉在《理解媒介》一书中提出：媒介文化将传播与文化凝结在一起，成为一个动力学过程，每一个人都包含在内。新媒体具有强大的辐射力，这种辐射力在人们的生存方式中无疑发挥着重要的作用，影响着现代文化的塑造以及人们价值观念的形成。大学生网民数量大，他们的知识结构尚不完善，情感脆弱，阅读能力也有限，因此也较为缺乏对信息的良好的分辨能力，不能正确地解读网上纷杂错乱的信息，容易受到错误信息的诱导。对于新媒体时代下大学生思想政治教育，要注重在教育中加强和培养大学生的媒体素养意识和观念，以进一步提高大学生思想政治教育质量和效果。

媒体素养教育，是指正确指导大学生理解传媒信息，有针对性、选择性和目的性地选择媒体传播资源，培养大学生健康的媒介解读能力和批判能力，使受教者在多元的媒体环境中充分整合和利用媒体资源，并且做到完善自我、参与社会发展。媒体素养教育是一种知识体系，也是一种思维方式和技能，是公民理应具备的一种素质。在大学生思想教育内容结构上，要积极整合资源，推进实施媒体素养教育工程。

新媒体时代，信息的传播和接收更加方便、快捷，这要求人们具有较为完善的知识结构以及更强的理性思维能力。实施媒体素养教育工程，有利于帮助学生正确、客观地评价、理解和选择信息，避免不良和错误信息的诱导。通过在大学生中开展新媒体道德规范教育，不断增强大学生的法纪观念，提高大学生的道德素质水平，使他们成为一名正面信息的传播者，促进思想道德文明建设。

二、新媒体视角下大学生思想政治教育传播的优化

（一）大学生思想政治教育传播者形象的塑造

1. 增强大学生思想政治教育传播者的把关人意识

信息的传播总是会有一定的途径和渠道，会存在一个“进门”问题，也就衍生了“守门人”这一概念，也可称为是“把关人”，它具体是指在大众传媒中可以决定什么性质的信息可被传播，传播多少以及怎样传播的人或机构。[1]

高校思想政治教育传播者具有这一“把关人”的角色特点和职责特点。高校思想政治教育环境决定了信息传播的对象、目标以及信息传播的功能，“把关人”这一角色意识是每一名传播者都必须具备和坚守的，应当根据传播目标严格把关。首先，传播者同时也是一名接收者，也会面临着各种各样的信息，这时传播者作为受众而存在，主要从受众的角度来审视这些尚未正式进入传播渠道的信息资料。也就是说，高校思想政治教育

[1] 邵培仁 . 传播学 [M]. 北京：高等教育出版社，2004：92.

传播者在教育他人之前，也是一名受教育者。其次，传播者是一名守门者，传播者从海量信息中选择有益信息给大众，对接收的信息要进行严格的审视和比对，并且还要根据传播对象的不同做具体的更改和删减。最后，作为传播者，他们通过群体、组织以及人际等形式，以及通过讲授、发布等方式进行具体的信息传播活动。

新媒体环境下，作为高校思想政治教育的传播者，其“把关人”的功能和角色明显减弱，而在现实教育活动中，教育者仍应具有强烈的“把关人”意识，发挥“把关人”的作用。要不断加强自己对信息的处理能力，面对海量的信息要严加把控，设置关卡，按照有利于传播效果的意图进行加工，明确地对要经过传播渠道的信息表明态度。

2. 建立大学生思想政治教育传播者的合理知识结构

目前，许多的高校思想政治教育者的专业背景都各有不同，这也就造成了他们在知识体系上各有侧重和偏向。但作为教育者、传播者，树立良好的传播者形象，提高信源的可信度，很大一方面在于传播者的专业权威性，这就要注意以下几个方面。

第一，要具备扎实的马克思主义理论基础。要全面掌握马克思主义理论，这样才能准确抓住大学生思想政治教育中存在的问题的本质，正确引导受传者。传播者只有提高了自身理论修养，才能增强对信息的判断能力和反馈能力，提高信息把控能力。

第二，要具备丰富的思想政治教育的专业知识。思想政治教育传播者只有掌握与现实相关的专业知识，才能体现出较高的业务能力和专业水准。

第三，要具有丰富的相关社会知识。实际上，高校大学生思想政治教育涉及了教育学、伦理学、社会学、管理学、心理学以及法学等多门学科，而在实际工作中，涉猎如此多的专业并对这些学科进行整体高效的操纵和调配，是高校思想政治教育传播者很难做到的。从最理想的方面来考虑，自然要求教育者具备以思想政治教育学科为主的丰富的多学科知识，然而事实上这只有在大学生思想政治教育的大环境和小环境都达到一个理想的状态下才能实现，如制度层面、人才培养层面以及社会认可层面等。就目前而言，教育者在自身社会和人生经验养成以及队伍建设的把关上，基本上还是能够具有丰富的“相关社会知识”的，因此，可以将其作为一个对高校思想政治教育发展过程中的过渡性要求。

3. 加强大学生思想政治教育传播者媒介素养的培养

媒介素养的概念主要包括能力模式、知识模式以及理解模式三个层面。能力模式，是指公民具有的获取信息、分析信息、评价信息以及传输信息的能力，信息的认知过程为其主要的侧重点。知识模式观点认为，媒介素养就是关于媒介如何对社会产生功能的知识体系，信息如何传输为其主要侧重点。理解模式的观点认为，媒介素养就是理解媒介信息在制造、生产和传递中受到技术、政治、经济和文化等力量的强制作用，信息的判断和理解能力是其主要侧重点。建设性地享用信息传播资源的能力，有利于利用媒介资源促进自我完善和发展，参与社会进步。主要包括受众利用媒介资源动机、对传媒的批判能力、使用媒介资源态度与方式方法、利用媒介资源的有效程度等。

大学生思想政治教育传播者的媒介素养的培养，是鉴于我国媒介技术的快速发展的形势而提出的。不管是传统媒体，还是新媒体都无一不深刻影响着人类生活和社会发展。在媒体化时代，媒介素养成为每一名社会成员都必须要具备的基本素养。作为传播者和教育者，提升媒介素养有利于提高业务能力和塑造传播者的形象。首先，教育者要主动学习媒介知识，增强使用媒介载体的能力，这是媒介素养最基本的要求。其次，还要学会正确地从传播媒介中获取有益信息，培养认识媒介和媒介信息的能力。

（二）大学生思想政治教育传播媒介的使用

1. 大学生思想政治教育利用新媒体的必然性

不同层面的受众，在媒介的选择上也会各有不同。首先，大学生知识层次相对较高，对新事物的接受能力和敏感度较强，探索欲和好奇心重，对新媒体有着天生的好感。此外，高校提供给大学生的媒体相当有限，对媒体使用的时间以及对媒体类型的使用选择也都是有限度的。而在新媒体时代，大学生对信息来源的选择权得到了前所未有的增强，深刻地改变和影响着大学生的思想和行为方式。

当今的新媒体形式上的具体呈现包括了如互联网媒体、手机媒体、移动媒体等其他数字信号传输介质。总而言之，新媒体的“新”总体表现在其传统电子媒介以及印刷媒介无法企及的大容量、交互式、高品质以及高速度等性能上。新媒体的信息来源更丰富，交互性和选择性强，能够满足受传者在传统媒介中所无法满足的需求。任何新兴媒介，其核心技术都是通过数字式信息符号传播技术实现的。越来越多的交互式传播使信息传播模式和人际传播模式被打破。

（1）每个人都可以进行信息传播，传播者再不局限于思想政治教育的组织或团体。电子传播和印刷品传播，其传播的通道与形态都是较为固定的，并且在传播的边际成本以及专业要求上也较高，传播者有着绝对的控制权和垄断权。而数字化带来的网络化，以及网络化导致的交互性，使得传播者和接受者之间的身份轻易转化。现在，不管是谁都能通过短信、微博等随时随地进行信息传播，这有效打破了传统的话语权壁垒。

（2）高校思想政治教育的“把关人”能力被削弱，给大学生思想政治教育提出了严峻挑战。在数字语言中，一切影像、声音和文本都只是 0 和 1 的组合。在信息传播过程中，信息被编码、分段、压缩，进行传播，然后再组合、复原、解码，进行读取，这使得每一片段的传播意义被分解虚化了。

进入新媒体时代，大学生思想政治教育的信息传播效果受到了极大的干扰。校园的信息使用和发布空间自由化，使得一些腐朽、落后、消极的思想文化在校园中不断渗透、扩散开来，各种违反社会公德的信息泛滥，各种不良信息得到大肆的传播。并且，短信、网络论坛等具有极强的互动性和虚拟性，大学生可以在这一网络空间中隐藏自己的真实身份，这在一定程度上减弱了对大学生行为规范和道德的约束，一些人开始公开发表不当言论或传播不良信息。新媒体时代，信息传播迅速，传播途径复杂多样，教育管理者面对这种强大的网络化和信息化很难有效取舍有益和不良信息，这在一定程度上削弱了高校思想政治教育工作者的“把关人”的能力。

（3）新媒介使得受众的主动性大大增强，大学生更多的参与和互动推进高校思想政治教育事业的发展。新媒体环境下，大学生不再只是信息的被动接收者，他们拥有更为广阔的信息平台，可以自由获取信息、发表见解。这在一定程度上加强了学生与教育者之间参与和互动，学生在原有的思想政治教育体系的平台参与性更高了。新媒体环境下，高校思想政治教育的传播者更多地从思想政治教育对象出发，思考采用何种标准和途径，以及如何选择和过滤信息的主动性和偏好，以最大程度地呈现传送者的传播意图。

2. 大学生思想政治教育利用新媒体的重要性

（1）新媒体环境下要求教育者转变教育观念。正确认识新媒体的传播特点，牢牢把握大学生思想政治教育规律。面对不同的载体、形式以及不同的沟通交流方式，在多媒体技术的使用上，大学生表现出多样化的偏好和倾向。要牢牢把握和发挥新媒体的特性和优势，致力于新媒体为大学生思想政治教育创造更多效能，推进新形势下大学生思想政治教育的创新发展。

新媒体时代大学生思想政治教育者应把握多元化沟通交流需求，正确认识和利用新媒体，以新媒体技术不断推进大学生思想政治教育工作的丰富和完善。通常来说，了解学生的需求、愿望是每一名教育者必须要做到的，教育者应在对学生的了解的基础上转变教育观念，不断丰富教育内容，创新教育载体，使教育真正符合学生的行为特征和习惯。要加强与学生的交流，通过 QQ、短信、微博等全面了解学生的思想动态，关注学生对实事的态度。

（2）利用新媒体，增强受传者对大学生思想政治教育传播者的信任感，进而提高传播效果。总的来说，传播者的形象直接影响了信息的传播效果，一名传播者的形象越好，越容易被社会大众认可，则信源的可信度就越高，传播效果也会更好。现今，在大学生思想政治教育中一个比较普遍的问题就是，传播者与受传者之间始终存在的情感阻碍。新媒体环境下，人们之间的沟通和交流有很强的私密性、隐蔽性和双向性，人们不用面对面交流，极大地消除了交流存在的交流障碍。在这种环境下，若要真正获知学生信息，了解学生的思想动态，就必须以主客体平等的心态，加强与学生之间的沟通交流，增强师生之间的信任感。

（三）大学生思想政治教育传播对象的培育

1. 重视意见领袖的作用

意见领袖，是指在人际互动和信息传递中少数不经选举且无名号，有影响力、有活动力的人。这些人是人际传播中的信息传递者，是信息传播中的评论员、中介者，是组织传播中的过滤器。“意见领袖”一词最早出现在美国传播学者拉扎斯菲尔德等三人的《人民的选择》(1944)一书中。观念从大众媒介流向意见领袖，然后由意见领袖告诉人口中的不太活跃的部分。

意见领袖及其影响力主要由六个要素组成：第一，价值。意见领袖常常是追随者心目中某种价值的化身。第二，信源。意见领袖能更多地接触传播媒介的内容，信息来源广泛。第三，知识面。意见领袖有较强的认识能力、分析能力和解释能力，知识面广。第四，责任意识。意见领袖关注团体或组织中成员的个人利益，受到成员的信任。第五，人际交往。意见领袖具有良好的社会活动能力，有较好的人际关系网络。

意见领袖的中介功能主要表现在对信息的扩散与传播、协调与干扰、加工与解释、支配和引导。学生是在高校所组成的团体中生活，学生中的意见领袖常常就介于普通学生和教育传播者之间，因此，在高校思想政治教育中必须要重视意见领袖的作用。

高校学生中的意见领袖与学生干部有很大的不同，他们与周围人并没有什么利害关系，是较为熟悉学生群体的人。意见领袖并非选举得出，而是在自己的圈子中经过一定的相处后，受到其他学生认可、钦佩后自然而然产生的，他们往往是学生们的榜样和标杆。他们往往有某种他人不具有的能力，交往面广，态度亲和，有人格魅力。

大学生思想政治教育必须重视意见领袖的作用，正确认识意见领袖在教育传播中所发挥的影响力。此外，教育者也应加强与意见领袖的交流和沟通，拉近与意见领袖的距离，建立亲近的情感关系，这有利于引导意见领袖接受教育者的观点，再用他们的影响力影响其周围的其他人。与此同时，高校也要做好信息公开工作，为学生提供真实的、具有参考性的信息，让学生更加了解信息真相，形成最直观的感受、思考与评价。最后，要积极宣扬和推广意见领袖的正面引导和榜样作用，使正面教育的原则在高校思想政治教育中能够得到贯彻。

2. 注意顺从效果的利用

顺从效果，是说服传播中一种集体的说服影响。事实上，在现实生活中许多人的某些个体行为并非出自个人决定，而是受到内在化的“群体”即群体规范的影响。大部分在小团体和组织中交织的传播信息都表达出价值观、信念及一般在小团体或组织中的目的。在一段时间后，这些个别的表达都被编成共同的一组价值观、信念以及目标，建立起为个别团体成员能接受的行为规范，以维持共同活动以及关系状态的稳定。通常，许多人都会选择顺从，这是由于来自集体或成员的压力使得他们接纳这些规范。这种态度统一的压力和行为一致的压力导致“顺从”，即团体之中的可作为实际的或能理解的团体压力，能够改变态度、信念或行为的功能，因此而产生顺从效果。

可从生活实际中观察得到，同宿舍的同学之间往往在课外活动、生活作风以及学习成绩上或表现出很高的一致性。这就是个人行为精神依托点的团体所产生的行为准则、观念和价值的内在化，表现出了在宿舍中某些内化的规范。在传播活动中，传播者可以利用和采取措施合理利用这种“顺从”心理，引导事物方向发展，为实现传播目的服务。

在高校思想政治教育过程中，重视宿舍、班级和社团建设，增强团队的凝聚力，营造良好的宿舍、班级和社团氛围，引导成员向积极的方向发展。

3. 避免逆反心理的产生

受众的逆反心理，是指受众由于受某种原有立场、思维定式的影响，而产生的与传播者的传播意图相反的心理倾向。导致受众产生逆反心理的原因有很多，就受众自身方面来看最主要的是由于受众本身所持有的思维定式，它往往伴随着对事物的感情好恶和价值评价。就传播者方面来看，主要是由于传播者形象不佳、传播内容失真、传播方法不妥等。在高校思想政治教育过程中，受众的逆反心理不可忽视，要尽可能避免逆反心理的产生。

高校思想政治教育传播者要善于发现受众的逆反心理，做到预防问题、发现问题。教育者不能自说自话，以避免激化受众的逆反心理，降低传播效果。此外，教育传播者不能过分强调学生中逆反心理不转变的态度。大学生普遍存在这样一种心理认识，越被否定和禁止的东西，它的内容必将更独特和新奇，也就是所说的“禁果效应”。而过于强调不转变态度，则会在很大程度上进一步引发心理抵触，影响教育效果。而这一点又往往是高校思想政治教育教育者所忽视的。

三、新媒体视角下大学生思想政治教育创新的策略

（一）指导和防控相结合的政府策略

现今，网络媒体发展势态强盛，政府对信息发布的控制越来越力不从心，并且在自由的网络环境下，人们的监管习惯也难以自觉形成。在此情况下，通过开展网络讨论、讲座等疏导活动形式，影响网民的思想观念，从而在网络中规范自己的行为，进行有效的自我管理，培养健康的网络人格。

自然，加强对网络上的有害信息的防堵是必须做的。要在国家内部和外部网的界面上建立信息“海关”，严格排查信息，彻底屏蔽不良的以及一切可能危害社会治安和国家安全的信息，全面净化网络空间。在加强法制管理之外，还要依法管理信息内容的传播与交流。

第一，国家在对信息通道进行控制时，要积极占据网络制高点，使我国主导价值观念始终处于信息传播的优势地位。

第二，要加强法律的建设和完善，设立思想政治教育信息网络专门通道，保证思想政治教育网络的完整性和权威性，确保信息的真实和客观。

（二）以“红色网站”建设为中心的主体策略

大学生思想政治教育中引用网络新媒体技术，迎合了当今受教育者的心理特征和发展需求，在一定层面上，网络新媒体也起到了教育者的作用。新媒体环境下，大学生思想政治教育要进一步开发信息资源，建立具有鲜明的社会主义先进文化特征的红色网站，

构建和完善区域、全国，甚至全球的思想政治教育网络体系，推动社会主义思想阵营的进一步影响和扩大。

1. 注重网站形式

要采取生动活泼，人民群众喜闻乐见的网站形式。要注重网站的整体内容与网页外观的组建和完善，在潜移默化中影响学生的政治思想。要打破以前传统的说教方式，促进平等交流。

2. “红色”网民、网点以及网站三位一体

将企业文化、校园文化、社会文化录入到互联网中，建立“红色”网点、“红色”网民、“红色”网站三位一体的“红色”思想政治教育网络体系。

3. 扩大网络宣传阵营

不断促进网络思想政治教育覆盖范围的扩大，对党团组织以及文化结构提供更多的技术支持，以不断增加信息输出量，进一步扩大汉语优势，在网络上形成中国文化的主阵地，逐步建立起中国先进文化的传播基地。

4. 加大软件开发力度

加大关于网络思想政治教育的软件开发，切实保证技术的先进性。开发制造集艺术性、知识性和思想性于一体的思想政治教育软件，以此增强中华民族优秀传统文化对网民思想的影响，形成良好的社会风气。

5. 建立网民协会

建立网民协会，并由思想政治工作部门全面负责活动的展开。网民协会必须要切实了解网民的需求以及思想动态，并据此制定合理科学的网民公约。要多加举办与网络知识、发展趋势有关的竞赛和讲座活动，开展定期的交流。通过网民的自我约束与管理建立起网民协会。

（三）以网络内外联动为中心的技术策略

思想政治教育者要切实掌握网络新媒体技术，占领网络思想政治教育工作阵地，准确把握新媒体技术和思想政治教育之间的切入点，构建立体交叉、全面覆盖式的教育网络体系。在传统媒体中，电视、广播和报纸等都在人们的信息生活中发挥了重要的作用，满足了人们的信息获取和交流的需求。因此，网络媒体应加强与其他媒体的合作，分析和利用传统媒体的优势，为之己用，进一步开拓网络媒体资讯和搜寻渠道。此外，教育工作者应利用网络的平等性、匿名性和交互性有效开展和组织问题讨论活动，为学生进行答疑解惑，也可采用QQ、微信、微博与网民进行双向或多向的沟通交流，充分发挥网络媒体的吸引力、辐射力、渗透力和感召力。

（四）以增强可接受性为中心的内容策略

大学生思想政治教育工作者要深入研究网络受众的心理特征，有针对性、目的性地设置教育内容。并且要选择适当的教育方式，以满足受教育者的身心成长需要，以提高

思想政治教育的效果。在教育内容上首先要突破的包括以下几个方面。

1. 针对性和灵活性

要切实解决网民在伦理观、价值观、人生观和世界观方面存在的问题，帮助和引导人们树立正确的思想理念，培养人们独立意识、明辨是非的能力，以及对不良思想的抵抗能力，使其成为一个与社会发展主流趋势的要求相符的人。对此，要仔细切实研究、讨论和解决网民遇到的、关心的多种多样的思想政治问题。

2. 生动性和艺术性

新媒体技术可以在教育工作者的教育工具上提供许多便利。因此，思想政治教育要充分利用这些新媒体信息技术，仔细筛选和构建教育信息，通过精心的设计和制作，将图像、声音与数据完美地融合在一起，使教育内容得到不断的丰富和补充，更加具有同步性、交互性和形象性。这不仅坚持了教育理论正面灌输的原则，也有效增加了大学生思想政治教育的亲和力，使其更加具有艺术性和感染力。

3. 真实性和服务性

信息的真实性增加了信息的可信度，可以促进大学生积极搜寻信息。内容中包含的服务性信息，为大学生就业、生活等提供服务与帮助，才可能对他们产生长久的吸引力。

4. 层次性和时效性

不同年龄、不同职业、不同个性等不同群体之间，网民的思想状况表现出不同的层次，在道德发展上有很大的差别。教育工作者必须从大学生个体情况出发，并根据不同的教育工作目标，合理设计教育内容，及时开展教育引导活动。

第六章　新媒体视角下大学生思想政治教育创新的主要路径选择

新媒体视角下大学生思想政治教育的内部环境和外部环境都发生了深刻的变革，而只有与时俱进、不断创新思想政治教育的新途径，才能实现发展，才能进一步提高大学生思想政治教育的教学水平。

一、运用互联网进行大学生思想政治教育

（一）依靠网络开展大学生思想政治教育工作的时代要求

网络技术的发展，将人们带入了网络时代。高校作为人才培养和人才输出的重要场所，在信息资源方面是极为丰富的。现今，不仅通过校园、教师和书本，大学生们已经逐渐开始利用互联网来搜寻和利用自己想要的信息资源。这深刻地改变了大学生的日常生活和学习，同时也对传统的思想政治教育工作发出了巨大的挑战。在这种情况下，相关部门提出了要抢占网络阵地，充分利用互联网技术来增强大学生网络思想政治教育时效性的要求，这是我国高校思想政治教育工作在网络环境下要做出的一个必然选择。如何利用互联网对大学生进行思想政治教育工作，如何进一步提高高校大学生的思想政治教育水平，是现阶段高校思想政治教育面临的主要课题。

1. 网络思想政治教育的内涵、基本内容与特殊功能

（1）内涵。思想政治教育，是指对教育对象展开和实施的一系列有目的、有计划的思想政治品德的教育实践活动[1]。大学生是国家和民族发展的希望，是建设社会主义社会的中坚力量，大学生的思想政治教育工作不仅有关于大学生自身的成长和发展，更是直接关系到了国家和民族的命运。网络思想政治教育是高校思想政治教育内容的其中之一，也是非常关键的一个部分和环节，网络思想政治教育将多媒体技术同计算机技术融合在了思想政治教育当中，运用多种教育形式对大学生进行与思想道德修养、思想观念等方面相关的思想政治教育活动[2]。

（2）基本内容。与传统思想政治教育相比，网络思想政治教育有新的内容：一是网络思想教育。网络思想教育主要是利用互联网技术对高校大学生进行思想教育，教育的内容应当包括方法论、世界观等，对于高校思想政治教育中一直以来存在的主客观不统一的问题随着网络的发展也得到了解决。二是网络政治教育。高校思想政治教育工作者

❶ 熊建生．大学生思想政治教育内容体系的科学构建［J］．思想理论教育导刊，2006（2）．

❷ 李娟，杨红霞．新时期高校对“90”后大一新生的网络思想教育育探索［J］．剑南文学，2013（3）：325．

充分运用互联网展开相应的马克思主义教育。引导学生深入地了解社会发展趋势，为国家发展与“中国梦”的实现做出应有贡献。三是网络法制教育。开展网络法制教育，思想政治教育工作要为学生系统地介绍我国的整个法律体系，宣传法理知识，让他们充分了解社会主义的法律精神以及基本原则，并以网络为手段，为高校大学生提供其所需要的法律服务。四是网络心理教育。[1]高校及教育工作者在深入了解大学生心理健康现状的基础上，采取多种方式和途径开展大学生心理健康教育，进一步提高大学生的心理素质；五是网络伦理教育。教育工作者在教育课程中通过利用网络的功能，整合世界范围内的多种文化，将美好的品德和高尚的情操潜移默化地传授给大学生，向大学生宣传伦理道德文化，帮助他们树立正确、科学的伦理观。[2]六是网络国情教育。高校思想政治教育应利用网络，以马克思主义为指导，充分运用马克思的方法论和世界观，详细分析介绍我国在社会主义初级阶段的政治状况、经济状况、文化状况等，保证高校学生对我国国情有客观的认识。七是人文知识教育。以社会科学和自然科学交融的人文科学知识对于培养高校学生正确的人生观、世界观和价值观都有着非常重要的意义，把这些内容纳入网络思想政治教育中来，有利于促进学生培养高尚的道德品德和人格。八是网络中华传统优秀文化教育。西方文化以互联网为手段逐步渗透和侵蚀东方文化，尤其是与他们社会意识不相符合的优秀文化传统。正因如此，我们传统文化应当在网络中占据一席之地[3]。

（3）特殊功能。思想政治教育的特殊功能包括三个方面：沟通功能、渗透功能和预防功能。沟通功能，具体是指在新时期网络思想政治教育的沟通形式多样化发展，教育工作者可以采用多种多样的表达方式，通过网络来实现思想政治教育的远程传播，打破了空间的限制。渗透功能对网络思想政治教育的渗透功能具有决定性作用，大学生可以充分利用网络的优势，将在教育课程中的知识转变为自己的思想，成为自己的外化行为。预防功能，具体是指可以运用思想政治教育手段对大学生进行思想政治教育，避免和解决问题。

2. 开展网络思想政治教育的意义与必要性

（1）高校网络思想政治教育建设是信息网络时代发展的客观需要。当今社会，人们对网络的依赖程度不断加深，网络无疑成为人们生活必不可少的一部分。网络的真实力量不可预测，没有人能够正确的评测和估量，但是不可否认的是，正是由于网络的产生，人们才敢去将脑海中的想象付诸实践，才敢勇敢地、放手去追求以前不敢想也不敢做的。这些都是网络赋予我们的力量，给予我们的支持。随着网络的高速发展，人们的生产和生活发生了翻天覆地的变化，价值观念与思维习惯也同时发生了前所未有的变化。一定意义上来说，这一种变化与发展是可喜的，意味着人类社会的突破和进步，但我们也必须承认的是，这其中也存在着一些隐患和危机。信息网络时代，各种思潮向人们纷纷涌

[1] 赵珑．高校网络思想政治教育研究 [D]. 山东大学硕士研究生论文，2009：8.

[2] 赵珑．高校网络思想政治教育研究 [D]. 山东大学硕士研究生论文，2009：12.

[3] 漆鹏．高校网络思想政治教育研究 [D]. 西南师范大学硕士研究生论文，2004：17.

去，各种流言也通过网络在人们之中肆意传播和蔓延。这无疑会给思想意识形态工作以一种“狼来了”的感觉。高校教师和大学生是网络技术的使用者和传播者，在信息网络时代下他们发挥的作用和影响不可估量。高校思想政治教育者和受教育者应当合力为网络思想政治教育建设而服务，营造健康的网络空间。

（2）高校网络思想政治教育建设是高校思想政治教育工作手段和方式转型的需要。在当今社会，传统的思想政治教育模式已经不能满足学生和社会发展的需求。因此，在网络环境下，教育者必须要思考和转变自己的教育理念，在教育活动中有效融入计算机网络技术，打破思想政治教育的时间和空间的限制。传统思想政治教育的重点主要在于向青少年传递道德以及法律方面的知识，但是在引导相关道德与法律建设的方面涉及较少。大学生处在身心发展、实现人生价值的关键时期，而网络可以适时充当他们情感的港湾和依靠，可以在他们无助和无奈时通过多种方式和渠道排解情绪，发泄自我。但是，在这期间学生太过于依赖网络也会产生一些负面影响[1]。在网络道德建设中，高校及其教育工作者必须要加强与学生的沟通和协商，让他们了解网络和现实社会一样，都需要建立和遵循一套专门的道德规范，这样网络世界才能和谐长存，提醒自己在利用网络时要时刻谨记遵守行为准则。

（3）高校网络思想政治教育建设是净化高校网络信息源的需要。在网络正式出现之前，学生主要是通过电视、报纸等传统媒体获取信息，而社会相关机构与教育工作者也能通过各种管理手段筛选和过滤其中不良的信息，这在一定程度上保证了信息环境的健康纯洁，避免了对学生造成不良影响。[2]

然而，现今计算机网络发展迅速，信息的获取途径多种多样，对信息的管理和控制工作量巨大而难以实现，教育工作者无法有效过滤不良的网络信息，最终使其对学生造成影响，影响学生正确的价值观的形成。高校中，各种信息流通自由、频繁，这导致教育工作者对信息的监管无力，并且还极大地污染了思想政治教育的空间。比如，当前我国虽对黄色网站加大了打击的力度，但是网络上至今仍存在着数万个黄色网站。这些网站上流传着许多不良信息，学生身心处在发展时期，对这些信息缺乏较强的抵御能力，容易受到这些信息的吸引和诱导，有可能导致心理障碍，甚至是行为失控。因此，网络环境下，高校思想政治教育必须要通过一系列的现代传播手段，不断加强网络思想政治教育，进一步提高思想政治教育水平和质量，净化网络信息源，营造良好的思想政治教育网络环境。

（4）高校网络思想政治教育建设是校园文化建设实践活动的需要。高校思想政治教育是高校校园文化建设的一个重要部分，它的主要内容包括以下几个方面：

①促进大学生智能发展。

❶ 万新恒. 信息化校园——大学的革命 [M]. 北京：北京大学出版社，2000.

❷ 郭良. 网络创世纪——从阿帕网到互联网 [M]. 北京：中国人民大学出版社，1998.

②建设校园网络精神文明。

③丰富大学生的文化生活。

④培养大学生的健全人格。

高校校园精神文明建设是高校网络思想政治教育最核心的内容。由此可见，我国高校网络思想政治教育只有以爱国主义为指导思想，以社会主义和集体主义为引导，才能够帮助我国高校创建良好的校风。然而，我们必须要认识到在大学生思想政治教育中仍存在一些限制着发展的不利因素。这些不利因素若是没有得到彻底的消除和解决，一旦深入校园内部，给学生带来的影响将会是极为严重的、负面的。因此，校园网络思想政治教育建设对校园文化建设实践活动起着决定性作用，离不开思想政治教育的引导和把握；另一方面，高校网络思想政治教育建设充分发挥了我国高校校园文化建设实践活动的陶冶功能。

网络思想政治教育改变了传统教育模式中学生对于权威知识过于依赖的局面，这极大地促进了学生自主性的培养，同时也使得学生的创造性得到了充分的发挥。此外，也使得当代大学生意识到脑力劳动以及创造性劳动的意义和重要性，进一步培养了学生创新性。因此，在新媒体环境下，高校思想政治教育必须要着重体现对于网络的应用，通过利用和发挥网络的优势，整合教育资源，研究和采取学生们喜闻乐见的教育方式和途径，进一步推动大学生思想政治教育工作的深入开展，提高教育质量和水平，促进大学生全面发展。

（二）利用博客（网络日志）推进大学生思想政治教育工作

1. 博客与微博

博客，主要是以网络的形式将一些流水记录发表出来。博主通过博客这一平台发布信息，记录自己的相关见闻，博客直接体现和反映出了博主的心情状态。博客，使人们之间的交流和沟通更加轻松、直接和高效，它是一个个性化的综合性平台。博客从 2000 年正式进入人们生活，在此之后迅速发展，但是却也是业绩平平。博客是在木子美事件之后才为人们所广泛知晓。之后，一些相关的网站纷纷开始抢占博客阵营，开始进入博客的春秋战国时代。“博客”主要有两方面的意义：第一，个人根据时间顺序写的日记、日志，从博客的外在形式来看，其实它是一个相对独立的站点，相当于一个人的网站。就算对网络设计制作技术一无所知，人们也能将自己的心情看法在网络上发布，尽情展现自己，获得他人的关注。第二，人们通过微博分享自己的经验教训。和讨论组以及电子邮件相比，博客的交流更加简单直接，也因此受到人们的欢迎，促进了网络虚拟交友和社群的形成。

2006 年，微博在美国正式诞生，2009 年正式进入中国社会。微博是一个信息传播、获取、分享的平台，用户通过微博用文字或图片等形式随时随地更新自己的信息，这种更新主要是通过 WAPP、WEB 以及各种客户端组建个人社区来实现的。此外，信息的更新还可以通过相应的手机软件更新、发布、分享。与过于强调版面布置的博客来说，微博的内容仅仅由只言片语组成，这在一定程度上降低了用户的技术门槛，更新也更加方便。

2. 博客与微博在学生思想政治教育中的积极作用

（1）为掌握大学生思想脉络开启一扇窗。当代大学生文化素质较高，有思想、有活力，有强烈的个性意识，他们渴望表达，渴望被关注，但是却在他人和众人面前羞怯表达自己，很难吐露自己的真实心声。因此，在大学生思想政治教育中，一大难题就是无法准确获知和深入了解大学生的思想状态[1]。一方面，在现实生活中，大学生的自我表达意识还不够强烈，也没有表现的积极性和主动性，这不利于教育者及时掌握学生的思想状态；另一方面，许多学生较为胆小，表达能力不足，在人前展示自己是相当困难的一件大事，他们往往无法向他人传达自己的真实情况。与现实情况不同的是，现在很多大学生热衷于在微博和博客上分享自己的点点滴滴，经常与朋友甚至是陌生人分享自己的喜怒哀乐。这种表达往往都是学生内心最为真实而直接的情绪和感受，主观性强[2]。因此，高校思想政治教育者必须要认识到微博和博客在学生生活中以及教育中的重要性和地位，要时刻关注学生的微博、博客的信息更新状况，及时了解学生的思想动态，切实解决学生问题。

（2）为思想政治教育的开展推开了一扇门。在传统的思想政治教育中，采取的教育形式主要是一对一访谈以及集体观看材料、组织演讲比赛或讲座等团体活动为主[3]。团体活动的教育覆盖面相对较广，但是却没有考虑到学生个体的实际情况，没有体现特殊性和针对性，思想政治教育很难对学生个体产生实效。相对而言，一对一访谈就体现了较强的针对性，但是这种方式也仅限于小部分，很难实现大部分的普及，自然很难取得整体的教育效果。而博客和微博却兼顾了广泛性和针对性，一方面它可以保证学生隐私，使学生的信息交流更加方便而直接，可以帮助教育工作者进行大面积的普及教育，提高工作效率；另一方面它又能从实际出发，根据教育内容和学生特点灵活地调整教育方案。此外，还可以通过微博开展答疑解惑的活动，与学生们分享学习资料、发布最新就业信息、考试信息、学院通知以及生活提醒，密切与学生之间的生活和情感交流。这种教育模式更加灵活而多变，能够适应多种教育目标和要求，使得大学生思想政治教育不再单调而乏味，更加具有生命力和活力。同时，还可以在此基础上再与QQ、移动飞信等渠道结合，实现教育信息的定向交流，还可以联合学生干部安排、传达工作要求，将工作渠道的优点充分利用起来，实现全方位的立体工作模式，进一步提高思想政治教育实效[4]。

（3）为思想政治教育内容拓展了一片天。大学生文化素质较高，有思想、有活力，

[1] 张兵．当代大学生思想政治教育探索．枣庄学院学报，2011(1).

[2] 郭静虹．新视角下的大学生思想政治教育．廊坊师范学院学报，2011(1).

[3] 陈燕红．微博兴起视野下的大学生思想政治教育．江苏教育学院学报，2011(4).

[4] 陈燕红．微博兴起视野下的大学生思想政治教育[N]. 江苏教育学院学报，2011(4).

好奇心和探索欲较强，对新鲜事物相对敏感，而互联网能够实时向学生推送信息，让学生了解和获知各种信息，符合学生的心理特征。思想政治教育在微博、博客的基础之上，其内容得到了进一步丰富。通过微博和博客，可以通过最新的社会事件引发学生的兴趣，以此更好地开展国情教育和时事教育。

（4）为思想政治教育时效性增加了一股力。通过网络开展大学生思想政治教育的实效性更强。微博和博客在信息的传播中更加准确、及时、快捷、详尽、生动、大量、丰富，在信息浏览之余，学生还可以进行转载和分享。这有利于拉近学生与学生之间、学生与教师之间的距离，促进沟通和交流，迸发出更多的思想火花，这有利于提高大学生的学习能力和思维能力，同时也提高了大学生思想政治教育工作的时效性。

3. 充分发挥博客、微博作用

目前，大学生中使用博客和微博的人逐渐增多，而把精力集中在博客、微博在商业和娱乐方面的发展功能上的人也越来越多，因此，高校思想政治工作者必须要改变观念，充分认识到博客、微博在政治传播以及思想塑造等方面的功能，逐步构建科学、合理的博客、微博德育平台，有效占领大学思想政治教育主阵地，唱响新时代高校思想政治教育的主旋律。

（1）建立完善的博客、微博运营支撑体系

要对大学生进行广泛而有效的思想政治教育，高校必须要构建完善的微博、博客管理机制。要成立专门的管理小组，主要对校园各部门的资源进行有效的组合，以打造一个全方位的校园平台。成员主要包括思想政治教育的相关人员、院系领导及教师等。学校应加强对管理小组成员的培养，不断提高小组成员运用微博、博客的能力，促进高校思想政治教育水平的有效提高。

（2）要特别重视建好学校和辅导员博客、微博

①建立学校微博、博客平台。博客、微博相比较其他媒体而言，更加具有便捷性和即时性。在大学生思想政治教育中，高校应重点发挥博客、微博在改善管理与服务学生中的功能；教务处应当即时向学生们发布校园中各种教学通知、文件以及自习室开放情况等一系列的信息；图书馆可向学生们提供图书检阅、借阅提示、学术交流、学术讲座等各种个性化的服务[1]。除此之外，高校还可以通过博客、微博，发布有关学校、院系的规章制度，获取学生反馈信息，增进与学生的交流，以促进高校的进一步发展。

②大学辅导员要做到人人有博客，人人上微博。辅导员处于大学生思想政治教育工作的最前线，与学生时刻保持着亲密联系。在大学生思想政治教育中，高校辅导员必须要迅速占领网络这一新的思想阵地，以此及时、有效地把握和获取学生思想动态的第一

[1] 施欢欢．新媒体环境下高校思想政治教育创新研究 [D]. 复旦大学硕士研究生毕业论文，2012(5)：37.

手资料，并进一步地展开对学生积极的舆论引导。[1]在日常工作中，辅导员要开设个人的博客、微博，通过这些平台拉近和学生的距离，在教学实践工作中全面把握学生的思想动态。大学生思想政治教育中，针对学生的思想教育工作辅导员开设个人微博、博客，其中需要特别关注和解决的问题主要包括以下几方面内容。

一是高校辅导员开设个人博客、微博是否具有必须性？对此，一些人认为辅导员的日常工作本就繁重，若是在此基础上再开设个人博客、微博以满足某些教学需要，就会进一步增加高校辅导员的重担，使辅导员疲于应付。事实上，这种想法是错误的。辅导员开通博客、微博，可以使工作信息直接传送给每一名学生，这改变了以往辅导员必须要发布纸质文件或逐级传达的繁琐局面，大大减少了辅导员的工作量，简化了工作程序，对于辅导员来说本应是一件更加方便的途径和手段，同时也方便了学生获取和查阅信息。此外，博客、微博也为辅导员和学生之间的交流搭建了一座桥梁，增强了两者之间的沟通和联系，进一步提高高校思想政治教育的工作效率。

二是博客、微博与辅导员工作的结合会产生何种效果？一方面，辅导员可以通过博客、微博发布一些关于哲学探讨的问题，也可以发布一些时事热点问题，吸引学生注意，促进学生与学生之间，学生与辅导员之间的交流。在这一过程中，学生能够逐渐养成主动获取信息的习惯，这有利于消除学生的逆反心理，提高学生学习的积极性，培养学生的民主观念；另一方面，博客、微博与辅导员工作结合也可以促进辅导员自身的发展。当今社会，社会经济和科技水平不断提高，大学生更容易接受新事物，更加熟悉和了解时代趋势与发展潮流。而若是辅导员不能与时俱进，跟不上时代发展的步伐，那么就会被认为是被时代淘汰的一员，其辅导员工作也会因为与时代脱轨而难以继续下去。而微博、博客作为当今社会的一个知识库，它可以帮助辅导员了解更多有关于不同领域的不同知识，可以开拓辅导员的视野，使他们可以随时随地地获取新闻资讯，了解时代的发展变化。此外，这还有利于搭建一个灵活、及时的沟通平台。大学生思想政治教育仅依靠学校的力量是不够的，这样很难真正实现教育的目标，因此，必须要集合学校和家庭的力量共同努力。而博客、微博的出现就可以为其提供良好的助力，它可以通过搭建一个平等交流的平台，实现学校、学生以及家庭的三方合作共力[2]。通过博客、微博，学生家长能够及时获取学校办学以及教学等信息，获知学生在学校的学习、生活情况，了解他们在日常的学习和生活中遇到的问题和困难，协助他们解决困难，帮助他们走出困境。此外，通过微博、博客等网上交流平台，家长与辅导员之间也能进行有效的沟通和交流，能够就学生的学习特点和发展需求展开探讨，全方位把握学生的思想动态，一同为学生发展而努力。与此同时，通过博客、微博这一平台，能够引导学生参与和配合辅导员工作，有利于学生融入集体中去。

---

❶ 崔振玲．对加强大学生思想政治教育的几点思考 [N]. 长春理工大学学报社会科学版，2005(4).

❷ 常铁．新兴媒体影响下的校报革新 [N]. 吉林广播电视大学学报，2010(9).

由此可见，网络时代下博客、微博凭借其特有的优势，为大学生思想政治教育工作开辟了一条崭新的道路，进一步提高了辅导员和人才培养的实效性。

3. 建立系统有效的博客、微博管理体系，形成高效互动新局面

现今，许多高校都看到了微博、博客在教育教学方面发挥的独特作用，也纷纷开始利用微博、博客来展开思想政治教育工作。然而，即使看见了微博、博客之于思政教育的意义，却由于各种各样的原因，学校对博客、微博的利用和重视程度仍远远不够，目前还停留在发布广告、新闻等狭窄层面，在联动交流与话题设置上效果微弱[1]。怎样才能符合学生需求，贴合学生“胃口”，开创教育工作新途径，实现教师与学生之间的零距离交流，充分体现高校思想政治教育的功能呢？对于这一问题，我们必须要做到全面建设和完善微博管理体系，真正实现工作责任到人，分工明确，实现以学院班级为单位的逐层科学化管理；在内容上，要适时改变那些传统的公告文风，以大学生感兴趣、满足大学生需求的公告形式，吸引大学生注意，使学生及时了解信息公告，有效解决学生间的问题；要建立相应的预警机制，实时把握大学生潜在的心理矛盾，掌握事件发生的第一手信息，及时解决问题和矛盾。

4. 要占领博客、微博阵地话语权

一是要发挥优秀学生的模范引导作用，这里的优秀学生是指传播有价值的正面信息，并以此对他人形成积极影响的优秀分子。在大学校园中，学生之间、教师之间以及学生与教师之间通常在微博以及博客平台上互相关注，这不仅拓展了信息的接受渠道，同时还有效地拓展了大学生的人际关系[1]。在新媒体时代，有许多大学生在微博和博客上拥有大量的粉丝群，在一定意义上他们属于网络传播中的领袖人物，并且这些人往往在网络上发挥了巨大的影响力。对此，在大学生思想政治教育中教育工作者应充分利用传播中的领袖作用，利用他们的影响力发挥网络舆论作用。这样大学生思想政治教育才能在新媒体时代下永葆生命力，才能实现健康有序发展。

二是要实现新媒体与传统思想政治教育的有机结合，打造高效立体式的思想政治模式。虽然就目前形势而言，传统思想政治教育在某些方面已经不符合当今时代和学生发展的要求，其教育模式有一定的缺点和弱势，但是我们不可否认的是，传统的思想政治教育模式至今仍有其存在的价值，在当前的思想政治教育中仍发挥着重要的作用。因此，教育工作者应通过微博、博客定期、不定期地开展思想政治教育教学、讲座等活动，对学生进行广泛的思想政治教育。此外，还可将学校讨论、决议的重要问题通过微博进行公示，吸引学生参与，通过一系列的思考、讨论和研究，使大学生逐步形成积极、正面的价值观和思想观念，尤其是在突发事件方面要对学生进行引导教育，使正确思想和积极言论占领高校网络阵地。

❶ 侯丽娟．微博：高校校园文化建设的新载体［J］．文化学刊，2011(6)．

❷ 李小娜．新兴媒加强党对舆论的引导［J］．沧州党校论坛，2012(3)．

我国相关教育部门也制定和发布了一系列的政策规定，希望能够在高校创建共青团基层党组织，以点带动地推动高校共青团组织的网络化发展。目前，许多高校在相关部门的倡议下已经开设了微博，并且现已拥有了广大的粉丝群，赢得了社会的广泛关注。这极大地提高了我国高校的社会影响力，使微博成为高校与学生、与校外人士沟通的桥梁和纽带。其中，团委系统形成了纵向微博体系和横向微博体系。但是，目前虽然已经形成了一定的微博体系，但是这种体系现今尚不完善，还缺乏有效的组织和管理，也没有真正形成上下联动、左右配合的体系网络，这需要我们的共同的努力。

（三）利用高校 BBS 信息交互平台加强舆论引导

随着网络的普及发展，从 20 世纪 90 年代开始我国许多高校都建立起了自己的高校 BBS 网站。目前，许多大学生都倾向于用 BBS 来发表自己的见解和看法，BBS 成为了当今大学生发表言论的一个主要阵地。一般来说，BBS 的受众群体都较为固定，我国高校 BBS 成为了独具特色的舆论平台。作为一种传播途径，BBS 同样具有交互性和开放性，所以，高校也应对 BBS 进行科学的引导和管理。

1.BBS 简介

BBS 的全称为 Bulletin Board System（电子公告板系统），是网络提供的一种信息服务，目前已经逐渐发展成为了共享信息资源、信息发布的平台、信息资源上传和下载的平台。近年来，我国高校 BBS 网站正发展成为网络虚拟社区。根据其性质的不同，可以将其大概分为三个方面，即商业性、政治性、业余性。而高校政治性即属于政治性，它是在学校范围内学生的网络舆论交流平台。1991 年，我国首个 BBS 网站在清华大学建立，名为“水木清华”。在高校 BBS 网站中，其中知名度较高的有北师大的“蛋蛋网论坛”、北京大学的“北大未名”等，这些高校 BBS 网站都获得了本校乃至广大高校大学生的关注和喜爱。

自 2010 年以来，在对网络舆论的合理引导以及对网络文化环境的稳步培育之下，未名 BBS 涌现出许多在校务建设、文化传承、学习帮扶、观念引导资源共享、生活咨询、公益服务、权益维护等多方面发挥积极作用的优秀用户，推动了高校校园有序建设，促进了青年身心健康成长。

高校 BBS 是高校自建的网站，在大学生的学习和生活中发挥着不可忽视的重要作用，对此，我们也要认识到 BBS 网站的信息传播速度快，且有着惊人的舆论力量，控制不好度则会造成恶劣的影响，因此必须谨慎对待。若是控制不好，则有可能引发学生的群体性事件。对此，大学生要密切关注 BBS 的动向。此外，在从众心理影响下，BBS 上发布的信息很容易被广大高校大学生当作“多数”或者“优势”意见，使得网络舆论被少数用户所操控。

2. 创新、完善高校 BBS 舆论引导的方法

（1）强化队伍建设，规范制度管理。高校网络评论高度重视网络评论员队伍建设，

从而把握正确的舆论导向。建立一支 BBS 网络评论队伍，其中的成员要求必须要有较高的政治可靠性，同时要有丰富的知识。一般来说，BBS 网络评论的队伍主要包括相关教师、院系领导以及在校大学生。教师可以在 BBS 上针对自己对学校教育改革的看法发表一些意见和评论，要求必须要有一定的教育性。院系领导可以对院系的重要决策以及国家大政方针进行评论。大学生应在 BBS 上对关注的问题进行评论，而这种评论必须要具有较强的可读性和较高的可操作性。

（2）立足校园网络信息环境，把握校园热门话题的主动权。在大学生思想政治教育中，利用 BBS 对大学生进行有效的舆论引导，可以实现大学生的日常话题设置“议程”的设置。此外，要注意对校园网上的热点话题进行适时、有效的调控，采取措施应对网络上的负面信息，注意发布一些积极向上的新闻信息。同时，还要注意引导和激发院校学生会领导干部的积极性和主动性，使他们主动投入到 BBS 网站的建构当中去。

（3）要提供网上舆论发展的“参照系”，增强对大学生思想认识。大学生可以在网络平台上就校内外的热点问题和重点问题进行评论，大学生很多时候都是通过校园网络来关注重要事件和热点问题的。因此，要立足校园网络环境，为网络舆论发展提供“参照系”，来积极引导大学生正确的认识和理解各类校内外热点事件。高校应充分发挥和利用校园网络的优势和功能，挖掘信息新闻媒体的影响力，营造健康向上的舆论环境，逐渐对学生造成积极影响，引导学生正确面对网络问题。

（4）培养意见领袖。一般来说，意见领袖在群体之中的影响力更广、更深，人们通常较为信赖和依靠精神领袖。在高校 BBS 中，精神领袖也广泛存在着。在我国，许多高校的网站都逐渐发展成为了如今的热门博客，这很大一方面归功于意见领袖，由此可见，在网络发展和建设中精神领袖发挥着不可忽视的重要作用。为什么精神领袖能够发挥如此大的作用呢？这主要是由于精神领袖更了解学生生活，也更贴近学生生活。此外，这些意见领袖在微博上也有自己的粉丝群，他们的一言一行时常受到人们的关注。

总的来说，BBS 论坛在学校交流中发挥着至关重要的作用，它是高校掌握学生思想动态的一个重要途径，在学生的成长和发展中发挥着重要影响。高校在思想政治教育中占据 BBS 网络阵地，加强校园网络引导，有利于帮助大学生树立正确人生观、价值观和世界观。高校应加强对校园 BBS 的价值认识，发挥自身的主动性，加大校园 BBS 的建设力度，充分发挥舆论引导和思想引领的作用。

（四）推进大学生思想政治教育主体网站的建立和完善工作

清华大学汽车工程系 71 班党课学习小组于 1998 年年底利用寝室内的互联网建立了共产主义理论学习主页，起名“红色网站”。这在大学生思想政治教育中有一定的借鉴和启示意义，我国各大高校也纷纷开始进行思想政治教育的新空间的拓展。与此同时，各种红色网站也相应地建立起来，这有效地扩大了红色文化在大学生群体中的影响力，促进了我国大学生思想政治教育的深刻变革，打破了时空的限制，丰富了思想政治教育的

内容和手段，有效地提升了教育者与受教育者的素质。

1. 高校思想政治教育主题网站的特点

“红色网站”又称“德育网站”，是高校思想政治教育主题网站，这种网站是高校针对学生群体，根据网络运行规律和法则，展开有组织、有计划、有目的的思想政治教育的阵地。

高校思想政治教育主题网站是高校传统思想政治教育的补充和延伸，它是通过加大网络思想政治教育信息的制作、传播、控制以及网络建设，利用网络信息有计划、有目的、有组织地对学生造成影响，从而影响大学生的道德规范、政治观点、思想观念以及信息素养，培养他们形成符合社会主义所需要的道德品质。

作为信息时代下思想政治教育工作的新领域，高校思想政治教育主题网站实现了思想政治教育理论内容与现代传播技术有机结合，它帮助了大学生树立正确人生观、价值观和世界观，引导了大学生朝着既定的理想目的坚定地走下去。此外，它还极大地培养和提高了大学生的思想政治素质和社会道德意识。高校思想政治教育主题网站的特点主要包括以下几个方面：

（1）主题鲜明，思想性强。高校思想政治教育主题网站以社会主义核心价值体系为根本，设置党建、“三观”方面的专栏，大力宣传社会主义核心价值观，与此同时，还应与社会生活保持密切联系，从实际出发，坚持科学发展观的引导，明确现阶段我国全面建设和谐社会的宏伟目标，坚持不懈宣传社会主义核心价值体系的内容，坚持马克思主义的指导思想，鼓励高校大学生以中国特色社会主义共同理想为理想，积极努力，实现自身的人生价值。此外，还要坚持以爱国主义为核心，培养大学生的爱国主义意识，使思想政治教育主题网站成为正确舆论的风向标、大学生精神生活的新空间、公共文化服务的新途径、传播社会主义先进文化的新平台。

（2）内容丰富，知识性强。高校思想政治教育主题网站以科学发展观为指导，呈现理论科学化的特点。网站设置的内容极为丰富，涉及政治、文学、经济、哲学、历史、法律、心理、伦理、时事等多方面知识内容，能较好地满足不同层次和类型的大学生的需求。高校思想政治教育主题网站坚持以人为本的基本理念，克服了片面的唯个人价值观和唯社会价值观，确立了个人价值与社会价值内在统一的新价值观。在提高教育实效性和创新教育方法的同时极大地培养了大学生的能力和个性。既要发挥教育者的主体作用，也要重视大学生的能动性，要使大学生能够自觉根据社会要求进行自我塑造和发展。思想政治教育主题网站的设置为大学生全面提升自身的思想道德素质、课外学习和科学文化素质提供了很好的平台。

（3）范围广泛，服务性强。高校思想政治教育涉及功能和范围较为广泛，涌现了一批服务性强、有特色、深受网民喜爱的网站。如“辽宁大学生战线联盟”，总共设置的栏目多达四十多个，包括理论课堂、学生党建、政策法规、法律在线、时事新闻、外语天地、高校社团、健康驿站、就业之路、名篇鉴赏等，为大学生提供了学习、娱乐和休闲的场所，同时还为大学生提供了丰富的就业信息和助学信息，使用价值较高，深受高校师生的喜爱。在网站中，教育工作者根据高校大学生的特点，通过论坛、博客、聊天室和在线留言等多种形式引导和帮助大学生关注时事，就热点问题展开问题讨论，为学生答疑解惑。特别是针对一些国内和国际性大事件，要注意观察学生的思想动态，帮助化解大学生中的一些过激思想言论，在大学生中形成正确思想政治舆论走向。

2. 高校思想政治教育主题网站的功能

为了促进大学生思想政治教育中网络技术的有效利用和发挥实效，我国发布了《关于进一步加强和改进大学生思想政治教育的意见》，各个高校在相关部门的倡导下，都开始建立本高校相关的主题网站，充分发挥了高校思想政治教育的作用。

（1）传播社会主义核心价值体系的重要阵地。众所周知，网络是一把“双刃剑”，它能够给人们生活带来便利，创造独特价值，同时也会误导人们陷入泥沼，形成消极影响。相应的，随着网络的迅猛发展，它给大学生思想政治教育带来的负面、消极影响也越来越突出、越来越深刻，大量不健康的信息乃至反人类本性的信息通过网络肆意流传，严重阻碍了大学生思想政治教育的有序展开。此外，再加上网络中西方价值观念在我国高校大学生中的强势渗透，直接影响了大学生的人生观、世界观和价值观的正确形成。而建立主题网站的主要目的，就是为了实现“以科学的理论武装人，以正确的舆论引导人，以高尚的精神塑造人，以优秀的作品鼓舞人”。通过在学生之间广泛开展和举办的各种主题专栏和特色活动，对大学生形成正面的理论教育以及舆论引导，使大学生更加坚定自己的理想信念，能够将社会主义共同理想设定为自己的努力方向，进一步提高教育人效果。

事实上，在大学生思想政治教育实践过程中，大学生中曾有认真阅读过马列著作的并不多，许多学生并不十分甚至是完全不了解毛泽东思想和邓小平理论，大学生们通常对长篇经典著作并不十分感兴趣。而高校建立主题网站，则能有效增加学生与这些经典著作的接触机会，能够将这些经典著作以另一种形式，通过一些先进的网络技术手段，迸发出时代感召力，成为大学生成长的精神引领，进一步提高大学生的政治辨别力和预防抵抗力。

（2）提供师生交流的新平台。实际上，有学生普遍反映现实中的面对面的思想政治教育总是会对人形成一种高压，学生大多感觉它是一种带有行政式命令、居高临下的教育，这种教育模式若是不加以改善，将会使大学生思想政治教育脱离学生群众，教育实效愈来愈低。网络具有虚拟性、匿名性和开放性的特点，在网络上人们的交流更加具有平等性，人们能够畅所欲言，往往能够宣泄和表达自己最真实的情感和感受。因此，网络技术在大学生思想政治教育上的应用必能弥补传统的教育模式的空缺，会将以前命令式、灌输式的教学转变成为探讨式、交流式的教学，进一步增加学生之间、学生与教师之间的思想交流，使学生自觉地接受思想政治教育工作者的观点。

高校建立主题网站，为大学生思想政治教育搭建了一个新平台。思想政治教育工作者可以利用这一平台对学生进行“坐站听诊”，和学生进行直接、有效的沟通和交流，从而更准确、迅速地了解和把握学生思想状况、心理状况以及情感诉求，并在此基础上进行有针对性、目的性的思想引导，为他们解决学习和生活中的难题，这有利于促进思想政治教育在大学生生活、学习和思想中的全面渗透，进一步提高教育的时效性。

（3）构建为学生服务的新载体。目前，就我国各高校的思想政治教育主题网站的建设情况来看，可以说其网站的覆盖面极广，有很强的服务性，在高校服务育人方面发挥了很大的作用。很多主题网站都设立了一些专为大学生服务的平台，比如，心理健康服务平台、学习生活互助平台、择业创业服务平台等。这些服务平台具有很强的互动性，它涉及了学生生活和学习的方方面面，极大地丰富了大学生的学习生活和业余生活，不仅有效提高了大学生思想政治教育的吸引力，同时还大大地提高了学生的生活质量和学习效率。

（4）实现思想政治教育的资源共享。在互联网广泛兴起之前，思想政治教育信息通常都是通过杂志、广播、报纸以及书籍等渠道获得，这些传统媒介形式很难做到信息的实时更新，且版面限制严格，内容相对较少，因此很难推动大学生思想政治教育的创新突破。而网络具有开放性和自由性的特点，教育对象可以在网络上根据自己的需求和爱好随时随地地搜索相关的教育资源，这打破了以往在教育资源获取上的有限性和局限性，有效地增进了教育双方的互动和交流，实现了以网络平台为中介的教育资源的师生平等共享，学生的学习活动更加具有主动性，提高了教育实效，凸显了网上教育资源的丰富性。

此外，在大学生思想政治教育工作中，辅导员、学生工作处的教师、思想政治理论课专职教师所处的位置、发挥的作用都是不同的，有时这三者在教育过程中会出现各司其职、相互脱节的情况。因此，建立大学生思想政治教育主题网站，能够将高校中所有从事大学生思想政治教育的教育工作者广泛联系起来，为他们搭建一个沟通和协调的平台，使各个不同的教育主体之间实现有效的沟通交流，以及时把握学生思想动态，集中力量做好大学生思想政治教育工作。

3. 高校思想政治教育主题网站建设存在的问题

随着互联网信息技术的不断发展，网络在大学生的学习和生活占据着越来越重要的作用，两者之间的联系也愈加密切。建设高校思想政治教育主题网站，用先进思想文化占领网络阵地已经引起广发的关注。现阶段，我国各高校都较为重视校园网站建设，集中力量提高思想认识、建设工作体制、实现条件保障，也取得了较好的成效。然而，目前大学生思想政治教育主题网站的建设发展还不能完全满足现实需求，还相对落后，还需进一步改进。

（1）部分高校对加强“主题网站”建设思想上存在误区。2001 年 12 月召开了第十次全国高校党建工作会议，会议中对大学生思想政治教育进网络教育部给予了高度的重视，并依据其作为考核和评价高校的重要依据。为了响应国家号召，我国许多高校都纷纷开展了思想政治教育主题网站建设，使得我国大学生思想政治教育网站获得了迅猛的发展，取得了较好的成绩。然而，我们仍然可以明确地感受到，目前许多大学生并不十分认可大学生思想政治主题网站建设，重要性认识不足。

其中，部分高校在主题网站建设方面上并没有对网站的软硬件建设形成一个长远的规划，也没有划出一笔专门用于主题网站建设的经费，因此，主题网站建设严重缺乏物质保障。此外，部分大学生思想政治教育工作者对新时期网络新媒体的发展趋势和特点并没有足够清晰的了解和掌握，也没有充分认识到大学生思想政治教育主题网站建设的重要性和紧迫性，而是一成不变地采用传统的教育方法和形式，墨守成规。

与此同时，部分高校建设的大学生思想政治教育主题网站并没有充分体现“以学生为本”的人文关怀。在建设主题网站的过程中，还是没有考虑到新时期网络思想政治教育的特殊性，始终摆脱不了传统观念的束缚。在教学过程中，教师仍处于绝对的主导者地位，而严重忽视了学生主体性和能动性。显然，这种教学模式并不符合新时期大学生的心理特点和发展需求，长此以往将严重降低学生的学习兴趣和积极性，将学生越推越远。这种只重外在形式、忽视实体内容的现象在高校思想政治建设主题网站建设中普遍存在，它难以在大学生思想政治教育中发挥作用，网站质量也久久得不到提高。

（2）主题网站定位不够准确，内容形式上存在问题。大学生思想政治教育主题网站的定位是必须要准确把握的，它直接影响和决定了大学生思想政治教育主题网站建设的成败。但是，我国许多高校并没有真正做到这一点，投入力度还不足。网站对自身的发展缺乏一定的指导思想，没有较为清晰的规划和定位。

大学生思想政治教育主题网站是网络思想政治教育的新载体，要求它具有先进理论的传导教育功能。此外，大学生思想政治教育主题网站想要永葆生命力与活力，想要对大学生有长久的吸引力并保障网站点击率，那么网站就必须要具备结构、内容、形式上的特色化、专业化、个性化、主体化。然而，目前许多高校的大学生思想政治教育主题网站并没有形成自己的网站特色，网站信息更新速度慢、周期长、内容少、时效性低，因此，这就难以充分发挥网站的优势，对受教育者的吸引力较弱，教育影响力相对较低。另外，还有一些大学生思想政治教育主题网站不具有创新性，可以看到在网站上很多信息都是源自转载、拷贝。这种缺乏创新性和原创性的文字，对学生的感染力极弱，网站缺乏真正反映大学生的需要和帮助大学生解疑释惑的内容，容易导致网站不能融入学生群众，最终被学生舍弃。而另外有些主题网站的形式过于单调和枯燥，这些网站很难吸引甚至是完全不能吸引高校师生的注意，自然也无法实现网站的教育引导功能。也有一些主题网站的内容假大空、片面强调说书教育，没有结合大学生具体实践，不能调动大学生的主动性和积极性，网站访问率和点击率低，时效性低。

（3）网站管理水平落后，管护不到位。通常来说，建设一个主题网站容易，而守护、管理一个网站却是相对较难的。目前，针对谁才能充当大学生思想政治教育的主要管理人角色，我国高校大学生思想政治教育相关部门还没有做出最后的决定。思想政治教育主题网站都是具体落到一个或几个学校机构来管理。而这种不统一的局面会造成一些不良影响，这表现为同级之间很难实现有效的协调管理。而建设一个专门的大学生思想政治教育主题网站是一个综合性、长期性的工作，这需要学校各个院系和各个部门的互相协调和配合，同时还需要相关部门筹划机构和精英“智囊团”，因此，将部门和机构作用于同一个机构，就会导致思想政治教育效果久久得不到提高。

目前来说，我国很多高校的主题网站在建设发展上还缺乏专门的技术人员的维护，一个网站建设完成，但是在后期却表现出各种明显的问题且得不到及时的维修和改善，有些甚至会出现无法登陆和浏览网页的现象。

（4）思想政治工作人员的媒介素养有待提高。网络信息时代下，大学生思想政治教育对教育工作者提出了更高、更新的要求，其中特别要求教育工作者要具备把握信息的素质以及处理信息方面的素质。但是，我国现在很多的高校中都缺乏这样的教育人才，急缺那些既懂得思想政治教育又懂得网络技术的人才。而且，在高校中许多的思想政治教育工作者也没有树立网络技术与思想政治教育有机结合在一起的思想意识，没有主动去提高和培养自己的运用网络信息技术处理思想政治教育信息的能力，严重缺乏建设思想政治教育的主动性和积极性。相关教师很少登录高校的主题网站，在网站上投入的精力严重不足，有些思想政治教育工作者甚至不清楚自己所在高校的主题网站名。因此，许多网站还停留在简单的单方面的灌输，没有对其他直观、双向的网络交流途径进行有效整合，网站活力低，缺乏时效性。

4. 高校思想政治教育主题网站建设的有效措施

（1）明确指导思想，强化主题网站建设重要性的认识。为实现大学生思想政治教育主题网站的有序运行，就必须严格地以指导思想为依据。大学生思想政治教育网站是高校进行思想政治教育的前沿阵地，同时也是高校宣传党政方针的重要平台。因此，大学生思想政治教育主题网站必须要保证办网目的、思路明确，科学定位发展路线。

在进行大学生思想政治教育主题网站的建设过程中，我们必须要坚持用先进的思想文化占领高校网络文化阵地这一导向和原则，传播积极向上的主流文化。要想办好主题网站建设，就必须要分析和研究社会中存在的新问题和新情况，坚持用科学的理论引导舆论，大力宣扬先进的思想文化唱响主旋律，组织信息、发布信息，向社会传播社会主义先进文化和核心价值体系。充分发挥主题网站的优势和作用，实现对大学生的思想政治教育，是高校思想政治工作必须履行的一点，也是加强精神文明建设的内在要求。

主题网站必须树立全新的教育理念。高校建设大学生思想政治教育主题网站必须要根据高校师生的思想特点，从实际出发，科学安排网站内容，主要内容包括网页设计、内容筛选、版块设置等。网站建设要体现网站自己的特色，如通过设立搜索引擎、多重链接、建立聊天室、娱乐游戏等将最大程度地激发浏览者的兴趣和热情，充分发挥网站的积极作用，不断拓展大学生思想政治教育的广度和深度。

（2）增强主题网站内容和形式的吸引力、影响力。主题网站应进一步突破原有的思想政治教育的内容和形式。思想政治教育主题网站的一个最鲜明的特点就是，其内容要十分具有思想性、严肃性和严谨性。诚然，这是源于思想政治教育本身应具有的严肃性，然而，很显然高校师生更加喜欢具有趣味性、生动性以及多样性的内容，他们往往不容易接受严谨和刻板的内容，更喜欢在轻松、愉悦的环境中接受教育。因此，在网站建设中我们必须要妥当处理好思想政治教育的内容以及形式之间的矛盾，既要保证网站中充分具有马克思主义理论、严谨的思想政治理论、严肃的思想道德修养等思想政治教育的主要内容，又要保证网站具有生动活泼、深入浅出的表现形式，增强主题网站对高校师生的吸引力。

在大学生思想政治教育主题网站中，通过生动活泼的内容和形式去传导和烘托，才能使大学生思想政治教育的主要内容在大学生中潜移默化地传播和渗透，才能真正发挥和实现网站应具有的教育功能和效果。因此，我们应认真对待网站中内容的设计。实践证明，只有主动抢占网络思想政治教育新阵地，弘扬主旋律，才能始终保持思想政治教育主题网站的鲜明特色。在高校思想政治教育中必须要坚持弘扬主旋律，才能使大学生主动投身到社会主义建设中去。同时，大学生思想政治教育主题网站还应当具有鲜明的政治立场、明确的政治观点，还要将新时期科学技术同我国历史文化知识有机融合起来。此外，还应当充分体现和塑造主题网站的生动性，不能只是将网站内容进行简单的排列和叠加，而应该按照一定的规律和特点精心布局，以给大学生赏心悦目之感。要在主题网站上实时发布一些实事新闻和热点事件，吸引高校师生共同关注和讨论。与此同时，还要注重强化主题网站的服务性，要在网站上专门开设以大学生的就业等方面为内容相关栏目。

（3）加强高校网络思想政治教育队伍建设。将大学生思想政治教育与网络技术进行有机结合是“主题网站”的一个最为重要的属性，它对教育工作者提出了一系列更高的要求：既要有一定的思想政治觉悟和政策理论水平，又要掌握一定的计算机网络技术；既要能够充分把握学生思想行为动态，又要懂得网站的建设和维护；既能有针对性地对学生进行答疑解惑，又能辨别网络信息的真假利弊。因此，新时期大学生思想政治教育必须要进一步加强网络思想政治教育队伍建设，主要包括以下几个方面。

①要全面提高相关教育工作者的综合素质。在大学生思想政治教育中，教育工作者在其中发挥着不可忽视的重要作用，他直接影响了教育工作的成败。而网络环境下教育工作者只有始终坚定自己的理想信念，忠于自己的岗位，有责任心、事业心，才能在教

书育人中感染学生，才能将自己坚定的信念传递给学生。对此，教育工作者必须要不断培养和提高自己的理论知识水平和业务素质，为大学生思想政治教育提供坚定的基础，促进思想政治教育工作在高校主题网站中的有序开展。

②要组建评论员队伍和主题网站信息员。只有真正把握网络舆论动态，做好舆论引导，才能促进大学生思想政治教育工作真正落到实处，这对我国大学生思想政治教育队伍提出了一定的要求，要求教育队伍必须有一定的理论基础，同时要掌握一定的网络技术。只有具备了这样一支队伍，高校和教育工作者才能全面掌握和了解学生的思想动态和网络舆论动态，才能做好对学生的思想宣传工作；才能促进与学生的沟通和交流，才能形成正确的网络舆论引导，及时化解矛盾和问题，维护社会稳定；才能有效整合网络信息，进一步宣传党的路线、方针、政策，并为领导决策提供服务。

（4）构建主题网站建设与管理的长效工作机制。构建长效管理机制和工作机制来保证高校思想政治教育主题网站建设，是推动大学生思想政治教育主题网站建设迈向科学化、法制化、规范化发展的重要一步，是实现主题网站可持续发展的关键一环。建设大学生思想政治教育主题网站建设和管理的长效工作机制，主要应从以下几方面做起。

①要有组织保障。院校的党组织、行政部门以及各工会等都应参与到网站的建设发展中去，各个部门相关沟通协作才能促进思想政治教育工作的有序开展。要做到统一规划思想政治教育工作，统一指挥和调派，统一由相关部门检查工作。

②建立健全规章制度。规章制度是大学生思想政治教育主题网站安全管理中的一项重要内容，它应贯穿于系统正常运行的始终。应进一步完善网络管理的法律法规，全面推进大学生思想政治教育主题网站规范化、法制化和制度化建设，维护主题网站的安全。

③建立主题网站评估体系。根据大学生思想政治教育的目标对主题网站进行深入、全面、仔细的评估，通过可行的技术手段，系统地检验网站建设和发展的水平与层次，并判断其现行状态及价值作用，进而通过评估不断促进主题网站建设的优化和完善，增加主题网站的教育价值。通过评估，我们可以对现阶段的网站建设情况有一个大概的了解，并可以在此基础上对网络思想政治教育的发展水平进行全面科学的总结。之后，再根据结果进行信息反馈和目标调整，以促进网站建设的不断改进，强化教育功能和实效。

④构建长效保障机制。要实现大学生思想政治教育主题网站建设的有序进行，就必须要有人力、物质以及环境等三方面的保障。因此，首先高校应抓紧人才队伍建设，要培养一支专兼职相结合、政治理论水平高、信息技术运用能力强的主题网站建设管理队伍。此外，要拨出一笔专门用于思想政治教育网站建设的资金，以增加设备投入和更新，加大网络技术的创新研发。再次，要放眼于校内外整体大环境，对校内外各种社会资源进行有效的整合，促进大学生政治教育主题网站的不断补充和完善。

二、依靠即时通信进行大学生思想政治教育

（一）即时通信概述

1. 即时通信的概念

即时通信是一种综合性的通信工具，它主要具有以下几方面特征：

（1）以多种信息沟通为主要目的。

（2）以软件为具体执行手段。

（3）以互联网平台和移动通信平台为依靠。

（4）成本低、效率高。

即时通信是指通信主体利用互联网技术进行信息传递的一种终端软件，它可以实现通信主体的相互的沟通和交流，能够增强人与人之间的密切联系。当前，即时通信已经成为了人们在互联网上进行沟通交流的一种主要方式，根据相关数据显示，到 2011 年我国即时通信用户已多达 4 亿。即时通信在我国迅速发展开来，不管是老牌的 ICQ，还是国内用户量第一的腾讯 QQ，以及微软的 Windows Live Messenger，都引起了人们的广泛关注，人们通过这些软件就可以进行在线的交流和沟通，极大地扩展了人们的交友圈，促进了人们之间的交往。当今新媒体发展迅猛，与此同时即时通信也发展得更为方便、快捷，内容和形式也更加丰富，而目前它已不再只是一个聊天软件，更是发展成为了一个集多种功能为一身的综合化信息平台，极大地满足了大学生对即时通信的需求。

2. 即时通信的传播特点

（1）信息实时交互传播。即时通信的最大特点是实时交互传播。人们可以利用即时通信进行在线同步交流。若是好友或群成员不在线，那么用户发送的文本信息将会在系统服务器当中实现自动保存，最后进行异步传播。在这一过程中参与的双方既是传播者，也是接受者，彼此之间可以通过多种多媒体手段进行沟通和交流，且能即时回应，这可以为人们营造出面对面交流传播效果。在即时通信中，可以加入某些新兴的交流方式，以使交流过程更加具有趣味性和生动性。

（2）接近真实的交流情景。即时通信打破了时空的限制，即使相隔千里的两人也能实现交流互动，就像在眼前交流一样，这不仅拉近了人们的空间距离，而且还拉近了人们的心理距离。此外，即时通信利用文字、视频和语言等可以为人们的交流营造出一个全新的、仿真的面对面的传播情景，这是在 Web2.0 时代产生的全新的传播环境。可以说，因为即时通信的广泛使用，导致了电子邮箱的使用率显著下降。

（3）平等的传播方式。我们不难发现，在现实生活中人与人之间的交流常常会受到身份、地位和阶层等多方面的因素限制。而即时通信则能带领人们跳出这些围墙，它能将身份、地位、阶层不同的人带到一个同一传播情景之中，为交流的双方搭建一座桥梁。即时通信极大地打破了现实社会的角色划分，在这种虚拟的交流环境下，人们的社会身份变得模糊，这有效地消减了人们的心理障碍，减弱了人们在交流时的紧张感和戒备心，

使双方交流更加通畅而随意。交流双方相隔千里，身份地位千差万别，但也能互相之间大胆表达自己的想法和认识，没有了现实因素的限制，大大地满足了传播活动参与者的心理欲求。

3. 即时通信的传播功能

即时通信的传播功能，可以从范围、内容、类型、时效等几个维度来进行考量。从传播的时效方面来看，即时就是即时通信的最显著的特点，继而它的最主要的功能就是即时的文字、视频和音频聊天。即时通信能显示联络人的信息名单，还能显示联系人是否在线。人们只需将要输入的内容在本地端按下送出键（Enter 或是 Ctrl+Enter），就能将这一信息即时地发送给对方，正因如此，即时通信成为了最方便快捷、近乎同步的传播方式。

即时通信从传播内容来看，它主要是进行文字、视频、音频等方面的交流，其中文字传播是其主要传播内容。用户能够将自己想要表达的编辑成文本信息发送给联系人，并进行双方的交流和沟通。视频交流是用户借助简易的数码摄像头和在线联系人进行聊天，视频双方可以看到对方，就好似在眼前。音频交流是用户借助语音设备与对方进行聊天和交流。

从传播类型来看，即时通信使人们之间的交往、聊天范围无限扩大，成为了集人际传播、组织传播、群体传播、大众传播为一体的复合传播工具。即时通信最大程度地满足了个人对群体、群体对群体的传播需求。

从传播范围来看，即使通信的传播范围是全球性的。而且，相比那些相对公开、显性的网络传播方式，比如网络论坛博客、社区、播客等，即时通信可以说是一种相对“隐性”的“潜传播”。个人、群体乃至组织之间互相传播的信息较为私密，并不具有公开性，通常只能在传播对象之间互传。这对网络的监管来说是一个极大的挑战。

（二）利用微博开展大学生思想政治教育

2006 年微博问世，并在此之后得到了迅速的发展，深刻地影响和改变着人们的思想和行为方式。根据有关数据表示，到 2010 年底，微博的关注人数已经高达 69.0% 以上。而微博用户群众大多集中在 18 ~ 30 岁的年轻用户之间，其中占用户比例最高的是大学生用户。可见，微博已经深入了我国大学生的生活和学习，在大学生中有着不容小觑的影响力。在微博盛行的今天，高校如何创新自己的大学生思想政治教育教学模式，已经成为当前高校思想政治教育工作的新课题。

1. 微博的含义及特点

（1）微博的含义。2006 年，微博在美国诞生，于 2009 年进入中国。微博是一个能够实现信息高速传播、获取、更新和分享的平台。微博对用户的知识水平要求较低，微博用户可以通过短短几行文字分享心情、传播信息，而且也没有时间的限定。

2009 年以后，我国许多的门户网站都纷纷开始进行微博服务，此外，我国还产生了网改版的第三大社交网站，且其用户基数已经超过 1200 万人。相关调查显示，近几年来微博发展迅猛，用户人数只增不减，现今已经高达数亿。微博所具有的独特功能和优势是它实现成功、为人们广泛喜爱和推崇的主要原因。

微博是一种互联网配置，流动性强，微博用户可以通过微博的互联网配置关注自己想要关注的人，以此了解对方详细的个人动态。此外，微博用户还可以通过微博进行话题参与，与网友一同进行问题讨论和交流，获得更多启发和建议，可以说，微博在人际交流中逐渐发展成为了一种全新的社交形式。微博用户可以在微博上随时随地地发布自己所见所闻，抒发自己的所思所想，同时还可以对时事新闻和热点问题进行评价。微博能够实现“任何时间、任何地点、任何人、任何事情”的即时关注，而且微博与手机媒体等诸多特点存在高度的一致性，这也是微博能够受到广大用户青睐的最主要的原因之一。

在功能上，微博和博客有着相似之处，它们的用户都可以通过微博、博客记录生活、互动交流乃至社会发展。在技术上，微博要比博客更为先进，微博用户能够通过多种途径发布信息；微博对用户的知识水平、文本编辑能力要求低；微博的传播更加具有即时性，只要通过手机、电脑，微博用户就可以随时随地地发布信息，信息发布效率高。除此之外，微博更加具有快捷性和现场感，特别是在发生重大事件时，微博用户可以成为新闻事件的播报者和记者，为人们提供源源不断的最新信息，让人们可以最快了解事情发展并参与事件讨论，如亲临现场，而这是其他的媒体所不能实现的。可见，微博用户与现代人的生活习惯和生活节奏是完全符合的。

（2）微博的特征。

①信息内容的随意性。微博的信息内容具有随意性，我们可以明显地观察到，即使微博用户的文字水平低，但是也能在微博上发表自己的意愿并获得一定的关注。微博用户能够用短短几行字或更多文字来表达自己的所见所闻、所思所想，甚至是用一张图片就能表达自己当时当地的心情和状态，并将这些信息同步分享给你想分享的对象。用简单扼要的文字就能传输信息，表达情感，这是微博所具有的特性。这种“语录体”的表达方式具有随意性，更加符合现代人的不断加快的生活节奏，因此也受到了更多人的喜爱。

②信息传播的即时性。通常来说，以前诸如报纸、广播等传统的传播媒体，其传播效率都偏低，往往要经过一段时间才能完全将信息传播开来。而微博却不存在这方面的问题，微博用户在发布的同时，另一方也就是关注的人也就及时收到了信息并进行再一次的传播，以此信息在短时间内迅速传播出去。比如，2008 年 5 月 12 日汶川发生八级地震，而传统媒体在传输灾区新闻时，新闻信息传播出来时已经距离事件发生有了一定的时间了，这远远比不上微博的即时性。可以说，微博是通过几何数量级的速度进行信息的扩散传播的。

③交流互动的广泛性。微博系统与传统互联网应用系统相比，其最大的不同点主要表现在以下两个方面，第一个是转发方面，第二个是关注方面。在微博上，人们可以面向群众传播信息，进行大范围的互动和交流。同时，微博用户也能指定对象或群体进行信息传播，也就是说，信息传播者可以根据自己的需要决定自己的信息究竟发布给谁，因此，微博具有较强的针对性。除此之外，微博用户若想要关注每个人，只用点击“关注”便能在之后即时获得对方的信息动态，方便快捷，可以实现信息的同步分享。

2. 微博在大学生中的现实表现

大学生年轻有活力，思维活跃，上进心强，能够自觉地投入到活动中去，有较强的行动力，且社会参与意识已经得到了显著的培养和提高。而此时微博的出现，对于大学生的学习、生活和心理来说更是如虎添翼。微博所具有的特性和优势，以及大学生的自我心理表现和特征，都决定了大学生越来越信赖和依靠微博，更加愿意通过微博进行信息资源传播和共享。

（1）微博为大学生提供了信息分享的空间。可以说，微博最核心的功能就是信息的发布和获取。在这一过程中，大学生既是信息的接受者，也是信息的发布者，他们可以通过微博即时获取和发布信息。诚然，在大学生学习和生活中，论坛、网站也能够为他们提供信息的获取和发布服务，但是就其便捷性、交互性而言，它是远远比不上微博的。在微博上，即使微博用户的文本编辑能力弱，同样也能表达自如并获得一定的关注，不需要经过反复的语言琢磨，仅仅几行文字甚至是一张图片就能表达大学生当时当地的所思所想，所见所闻。

此外，大学生可以通过关注校园微博，来详细获取学校发布的各类信息，了解与自己有关的教学信息，并主动地参与到信息交流和沟通当中去。目前，我国许多高校都纷纷开设了官方的校园微博，并通过微博向学生们发布相关的校园管理和服务信息。比如，高校通过微博向学生们传达教学相关方面的信息等，保卫部门发布的各种突发事件的信息等。通过微博上登载的这些信息，大学生能够及时了解校园信息，从而不断规范和完善自己的学习计划。

（2）微博为大学生拓展了人际交往的途径。大学生处于身心发展的关键时期，在这一阶段良好的人际关系能够对学生产生有效的积极影响。当前，微博迅猛发展，微博用户剧增，我国的各个高校也都纷纷建立了社交网络，大学生的人际交往范围也正在不断扩大。大学生在微博中的人际网络主要表现在以下几个方面：第一，微博中不仅有虚拟环境下的人际关系，还包含了现实存在的人际关系，而微博对这种现实性的人际关系只是提供了一个交流与沟通的平台而已；第二，微博用户通过微博实现了一种“关注与被关注”的人际关系。微博具有较强的隐蔽性，同时可以进一步地拓展他们的交友范围，双方在进行交流时可以消除紧张和戒备。微博为大学生提供了一个更加广阔的交友平台，极大地增进了大学生与他人之间的沟通和交流，拉近了人与人之间的距离，扩大了人际交往范围。

（3）微博为大学生搭建了自由表达的平台。微博是一种新型的传播媒介，在微博上人们可以自由地发表自己的看法和观点，这有效地突破了一些现实条件的限制，极大地增强了大学生的言论自由。微博终端搬运到手机上，大大降低了微博用户的使用门槛，刺激了微博用户的急速增长，扩大了微博的使用范围。也因此使得一些原创性的内容大大增加，不同身份、地位、年龄的人在微博上编辑自己原创的文字，人人都成为了一名小作者，使写作走进平常百姓家。不管是谁都有在微博上发表见解的权力，能够自由地与他人进行交往，避免了尴尬和紧张。人们可以针对校园、社会、国家大事提出自己的一些看法，与大家一起讨论和研究，激发自己的责任感。此外，微博的便捷性以及“微写作”的语言表达方式，与当今当学生的写作习惯是相吻合的，简练的语言特点，也使微博传播的互动性和时效性得到了增强。

3. 利用微博加强大学生思想政治教育的具体措施

微博时代的到来为大学生思想政治教育提供了一个新的平台，极大地拓宽了网络思想政治教育的领域，增强了我国高校思想政治教育的影响力。如何利用即时通信来加强大学生思想政治教育，是现阶段我们应当紧抓的一大问题。

（1）正确认识微博，树立发挥微博教育功能新理念。当前，微博在我国国内发展形势大好，它充分体现了新时代我国传播技术和手段的创新与发展，同时也体现了目前大学生思想政治教育的模式构建，标志着思想政治教育的继续扩大以及监管的难度不断加大。因此，新时期大学生思想政治教育必须更深入地了解微博的传播以及教育功能，充分发挥微博的特性和优势，引导和帮助大学生树立正确的人生观、世界观和价值观，进一步坚定大学生的理想信念并促使其朝着目标不断前进，进一步提高大学生的思想道德水平。

现今，以微博为代表的“微时代”已经全面降临，与此同时，它正不断消减着传统思想政治教育工作者的信息传播主导权以及话语主导权。因此，新时期大学生思想政治教育的教育工作者必须要改变自己的传统的教育观点和理念，实事求是，与时俱进，发展创新思维，树立新理念和新思想。具体而言，教育工作者可以开设自己的个人微博，在这一微博平台上营造一个有利于发挥主流文化作用的舆论环境，通过利用先进技术实现高效的文化传播，并在这一过程中逐渐发展成为一名在微博空间的精神领袖。同时，教育工作者应做到要理解和包容多元的文化思想，全面了解和把握学生的心理动态，发现问题要及时疏导和解决，此外，还要多多吸收在微博上出现的体现时代性的新词汇、新语言，不断积累以建立自己的话语体系。并将这些广泛吸收的新语言、新词汇运用到大学生思想政治教育工作中去，使得教育内容和形式更加体现亲民性，拉近与学生之间的距离，促进大学生思想政治教育的大众化、时代化以及通俗化发展，增强教育的感染力。与此同时，教育工作者也应当充分认识到微博的实时性和交互性，以及这两种特性所带来的负面危害。微博所具有的实时性与交互性会促使负面信息的传播范围不断扩大，也因此使得其在大学生中的危害成倍增加。所以，为了防止和避免负面信息对大学生造成影响，就必须要对传播的信息和言论进行深入地了解和分析，及时消灭那些潜在的不稳定的因素，以不断增强大学生思想政治教育的时效性。

（2）积极创建微博，构建思想政治教育新平台。当前，微博已经成为了大学生信息交换、人际交往的重要平台，在大学生的生活和学习中产生了重要的影响和作用。因此，在我们可以将微博与大学生思想政治教育有效结合起来，构建一个全新的教育平台，在潜移默化中强化对大学生的思想政治教育，充分发挥微博的服务和教育功能。

从目前发展情况来看，现今微博在大学生思想教育中的作用并没有得到彻底、有效的发挥，高校对微博之于思想政治教育的作用普遍认识不足，也没有探讨有效的微博运用路径。高校要想创建一个好的微博平台，就要深入了解和认识微博对于教育所产生的影响，同时还要以积极、主动、科学的态度自觉投身微博阵地建设。要根据高校本身的实际情况，寻找切入点，通过微博宣传主流意识形态和价值观，促进大学生思想政治教育与微博的有机结合。此外，应在微博上实时更新校园资讯、社会资讯和热点新闻，多多发布一些能够吸引学生的内容，引起学生关注，在此基础上充分发挥微博的功能和作用。

（3）科学使用微博，正确引领微博舆论导向。现今，微博迅速占领了大学生的学习和生活，在大学生群体中影响深远。而在发挥积极作用的同时，微博也严重影响了舆论的形成和发展，促使一些不健康、负面的信息影响了大学生的成长和发展。因此，对于微博这一新的教育平台，教育工作者应谨慎把握尺度，应不断挖掘其内在的价值和优势，并认识到微博本身带有的一些弊端和影响，使微博在大学生思想政治教育中发挥正面作用。应通过微博发布信息并反馈舆情，探究和把握好大学生的价值取向和思想动态，引导主流文化发展趋势。

（三）利用手机媒体开展大学生思想政治教育

1. 手机媒体的特征

手机媒体是一种以手机上网为平台的，以手机视听终端为基础的传播媒体，是一种信息传播的媒介。人们通常称手机为“第五媒体”。社会在进入 4G 时代后，手机随着手机电影、手机广播以及手机电视等传播形式的出现逐渐发展成为了人们生活中一种主要的娱乐方式。手机媒体作为一种大众媒体，与传统媒体相比它具有使用方便快捷、传播能力强、信息内容丰富、互动性强、移动性强以及影响范围广等显著优势。

（1）传播速度的快捷性。手机媒体的一大优势体现在它不需要纸质媒体的承载，它通过即时通信技术将文本、视频、图片以及声音等结合起来，只要处在信号接收范围内即可接受和传播信息。智能手机媒体的出现，有效弥补了在互联网中出现的网页清晰度低、页面打开耗时长、加载困难等一系列的问题，人们通过使用手机媒体可以体会到更加流畅的视频、音频播放，更快捷的信息浏览和登载。此外，手机媒体还具有传统媒体无法比拟的便捷性，它打破了时空的界限，覆盖范围更广，不管是国内社会资讯，还是国外重大事件；不管是科学文化知识，还是人类文明成果；不管是校园教学信息，还是生活小贴士等，都能在手机媒体上找到相关信息，不出家门就知天下事，为用户提供了便捷的信息服务。

（2）传播范围的广泛性。现今，随着科学技术不断更新和发展，手机产品也得到了进一步的优化发展。目前，人们使用的手机产品，体积越来越小，更便于携带；信息存储量越来越大；功能多样化发展；外观设计更加时尚，手机的这一系列变化更加符合现代人的学习、生活和办公需求，为大众提供了更多的选择空间，应用人群日益提高。近年来，手机网上服务质量日益提高，且手机上网资费越来越低，服务越来越多样化，使得更多的人选择了手机上网。

（3）传播信息的丰富性。手机媒体具有的一个明显优势就是发布的信息更加具有全面性和丰富性。一方面，手机媒体传播的信息涉及了各个领域的知识和内容，包含了社会和人类生活的方方面面，从经济、政治、文化，到军事、科技、教育，可谓是应有尽有。此外，一些新闻、艺术、娱乐以及财经方面的信息，以及国内外实时资讯和热点新闻等都通过手机媒体迅速传播开来，使人们第一时间接受和了解信息。这些信息纷纷以本文、图片、音频以及视频等各种形式存储于一定的媒介当中。另一方面，手机媒体的交流方式也向多样化发展。人们可以在手机媒体上搜寻资料并展开与他人的交流和讨论；可以在手机媒体上向他人提问，并为他们留言解惑，共同进行问题探讨；可以在网络上自由发布自己所得信息，进行信息资源共享。

（4）传播受众的互动性。手机媒体与传统媒体最大的一个区别就在于，手机媒体这一交流平台更加具有互动性。通过手机媒体这一交流平台，人们只需轻轻一点就能够发送信息、发表评论、浏览新闻、视频聊天等，这是传统媒体所不具有的特殊性能和优势，在手机媒体上人们更加具有主动性，能够随时随地与他人进行双向的沟通和交流。手机媒体使手机用户同时成为信息的接受者和传播者，它打破了传统媒体传播的单向性，实现了信息的双向互动，更受人们喜爱。例如，手机用户可以通过手机接收和浏览实时资讯和热点新闻，了解身边事和天下事，并在此基础上参与互动和评论，自由发表自己的见解和看法。

2. 手机媒体对高校思想政治教育的影响

现今，手机媒体已经渗透到了社会生活的各个领域，深刻地影响和改变着人们的行为习惯、思维方式、价值取向以及道德要求。手机媒体迅速发展，给人们带来了许多便利，同时也为大学生思想政治教育带来了新的机遇和挑战。

（1）手机媒体给高校思想政治教育带来的积极影响。与其他媒体相比，手机媒体具有传播成本低、传播速度快、传播范围广、即时互动性强等多方面的优势，在大学生人群中大受欢迎，逐渐成为了大学生获取和收集信息、资料的重要渠道，使大学生思想政治教育得到了进一步的深化和拓展。

①拓宽了高校思想政治教育信息的获取渠道。手机媒体使人们足不出户就能获取想要的信息，大大地提高了大学生获取信息资源的效率。手机媒体在大学生群众中使用率广，且功能性强，想要进一步拓展大学生思想政治教育的信息获取渠道，拉近与学生的距离，就必须要将大学生思想政治教育与手机媒体结合起来，充分发挥手机媒体的教育功能。

第一，高校可以建立以大学生思想政治教育工作者、教师、学生以及政工领导为主要成员的庞大的联络网和信息网。建立手机 QQ 群、微信群、手机微博，密切与学生之间的联系，时刻关注学生的思想动态，对大学生的思想信息进行跟踪指导。与此同时，也可以成立一个网上学习小组，在小组中定期或不定期地开展大学生思想政治教育活动，加强大学生之间的思想文化交流，引领学生自觉接受和参与到思想政治教育中去。

第二，高校应有效利用手机媒体，深入挖掘大学生思想政治教育下潜在的教育资源和信息，创新教育观念，打破传统的教育模式，以增强高校师生的互动性为主，构建思想政治教育的双向虚拟交流平台，为大学生营造一个自由、轻松的学习环境和氛围，使其自觉地投身于学习实践，主动地接受大学生思想政治教育。手机媒体可以实现信息交流的互动性和开放性，大学生在这一平台上可以得到较大的自由和平等，这样可以进一步激发他们学习的主动性和积极性，有效培养了大学生对社会、自然以及世界的思考和感知能力，大大提高了大学生的思想政治教育的实效性。

②提高了高校思想政治教育的效率。大学生思想政治教育的成效，取决于受教育者的参与程度及其对教育者信任程度。如何进一步提高受教育者的参与度，降低大学生思想政治教育信息传播的时间与成本，是现阶段大学生思想政治教育面临的一个主要问题。而目前，手机媒体由于操作简单、功能齐全，因而深受大学生的信赖，并成为了他们学习和生活的“亲密朋友”。而在大学生思想政治教育中，教育工作者充分运用手机媒体，可以迅速拉近与大学生的距离，深入大学生的情感世界，增强信任度，同时还能消减一些繁琐的网络思想政治教育操作，增强教育形式和手段的可操作性和可移动性，这可以大大缩减教育信息的传播成本，并减轻思想政治教育在费用、空间、时间上的巨大负担，有利于提高大学生学习的自主性。

③增强了思想政治教育的生动性。现今，手机媒体迅速发展，功能更是丰富多样，人们不仅可以通过手机媒体收、发信息、聊天通话，同时还可以进行视频、语音、收发邮件以及无线宽带联网。手机媒体大大拓宽了大学生的交往范围，开拓了他们的视野，同时还拉近了大学生思想教育中教育双方的距离，使教育者更加了解和掌握了大学生的思想动态，这有利于教育者进一步开展思想政治教育活动，引导大学生成长发展。

④丰富了思想政治教育的手段。手机媒体集多媒体于一身，现今已经发展成为了一

种独具优势的教育新载体，大大地满足了高校教育发展的需要以及大学生的个性化需求。手机媒体为大学生多样化的学习渠道和需求提供了强有力的技术支持，使大学生思想政治教育更加具有活力，更加深入人心，这极大地增强了教育感染力和实效性。

（2）手机媒体给高校思想政治教育带来的消极影响。与传统媒体相比，手机媒体在信息的传播内容、传播范围、传播速度、交流互动性以及便捷性等方面具有更大的优势，在大学生中影响深远。但是，在给大学生的生活和学习带来便利的同时，手机媒体也给大学生造成了一些负面、消极的影响。

①影响了思想政治教育对象的生活和思维方式。在大学生中，我们不难发现有很多大学生都沉溺于网络而忽视学习。这些学生每天所思所想的都是上网，他们将大量的时间花在了网上，充耳不闻天下事，在现实中与身边的人的沟通和交流较少，长此以往就会导致大学生在现实交往上产生交流障碍。而这种现实交流的弱化也会进一步导致大学生独立人格的形成受阻。此外，手机媒体具有虚拟性、隐蔽性，大学生可以自由地在网络上发布言论，传播信息，这种自由有时会趋向过度自由化，使得大学生丧失了行为标准，是非分辨能力下降，在网络上毫无顾忌、肆意散播不良信息。而与此同时，有些大学生会将现实情绪带到网络上，在网络上只顾发泄不满，恶意诽谤、批评、传播，而完全不考虑可能造成的影响和后果，而这些都有可能给其他用户造成不良影响，阻碍大学生全面发展和健康成长。

②增加了思想政治教育的难度。手机媒体能够有效打破时间和空间的限制，这是手机媒体一个比较明显的特点和优势。而手机媒体的这种无屏障性，大大加深了其复杂性和不可控性，这给大学生思想政治教育造成了一定的难度。

在多种多样、海量的网络信息面前，大学生对于不良信息的抵抗和防御能力较低。手机媒体能够实现自由地收发信息，但是却不能有效地选择和过滤虚假、落后的不良信息，这使得各种反华言论、威胁社会稳定，破坏国家法制建设的不良信息，以及危害青少年健康成长的淫秽、色情、暴力信息在网上传播，这些信息出现在手机上，对大学生的成长发展危害极大。

③冲击了现有的思想政治教育模式。目前，大多高校中采用的思想政治教育模式都是教育者对学生进行课堂讲授、座谈讨论以及一对一谈心。这种教育模式往往会受到时空的限制，同时教育对象也相对有限，教学模式单调，受教育者也过于被动。而手机媒体具有便捷性、即时性、私密性、受众广等特点，能够较好地弥补先行教育模式中的一些缺陷和不足。就目前而言，手机媒体发展迅速，而大学生思想政治教育的发展却并未与其保持同步，教育改革还相对落后。尤其是现在一些有关大学生思想政治教育的教育理念、教育目标并不具有一定的前瞻性，而这就导致了现在很多高校以及相关的教育工作者对新媒体环境下的大学生思想政治教育认识不足，进而使得大学生思想政治教育在处于被动地位。

3. 运用手机媒体开展思想政治教育的有效措施

手机媒体为大学生思想政治教育提供了一个全新的教育平台，提供了更加丰富的教育资源和信息，是思想政治教育信息的集散地和社会舆论的放大器。因此，高校必须要充分认识到当今时代手机媒体对于大学生思想政治教育的积极作用，通过运用手机媒体，主动弘扬和传播社会主义现今文化，进一步开拓思想政治教育的前沿阵地和广阔空间。

（1）重视手机媒体作用，增强引领的导向性。高校是教书育人的重要场所，在人才培养中不仅要重视教育的互动性和针对性，同时还要注意传播媒体的导向性和理论性。应当深入了解受教育者的思想状况、道德水平以及认知能力，要把握好教育的方法和节奏，逐渐引导大学生树立远大的理想信念，提高思想道德境界，形成正确的人生观、世界观和价值观，以此进一步提高大学生思想政治教育的实效性。提高高校思想政治教育在新媒体环境下的实效性应当通过两个方面进行，一是建立高校范围内的短信平台，二是建立全社会范围的信息平台，提高大学生获取信息的效率。

（2）聚焦大学生主体地位，倡导健康文明的手机文化。当代大学生年轻有活力，朝气十足，他们思维活跃，有强烈的主体意识和自我意识。有时他们也会表现出一副特立独行、唯我独尊的姿态，然而内心却是渴望被理解、被尊重和被认可。这就要求思想政治教育工作者要充分发挥大学生的主体作用，尊重大学生的主体地位，要使大学生思想政治教育活动紧紧围绕和依靠大学生展开。手机媒体具有较强的私密性、隐蔽性，它能够较好地消除一些大学生的抵触心理，减轻大学生在受教育过程中的紧张感和压迫感，使大学生能够拨开云雾主动观察，进一步密切教育双方的联系，满足大学生对开放、平等、自由的交流和学习方式的需求。手机媒体的双向互动交流模式拉近了在传统思想政治教育模式下被客观放大了的师生距离，建立起信息双向交换的互动平台，从而达到思想政治教育最为积极的效果。

（3）建立宏观监控管理，提高手机媒体的社会责任感。众所周知，手机媒体中传播的信息量巨大，这其中包含了一些正面、有效的信息，同时也夹杂着许多不良的、虚假的、有害的信息，而这些信息容易导致人际交往中出现信任危机，人们之间的信任度下降。因此，对手机媒体实施必要的监督管控，建立宏观监管机制是十分必要的。一方面，手机媒体行业必须要加大自我管理和自我监督的力度，进一步完善行业自查机制。另一方面，还要进一步提高社会责任感。政府部门应加强手机媒体行政管理机制的建设和完善，全面提高手机媒体领域的法律意识、道德意识以及社会责任意识，进一步规范手机媒体应用和实践。

三、利用易班网络平台进行大学生思想政治教育

（一）易班网络的概念

上海市教委以系统网络文化发展研究中心为依托实现网络文化建设项目。易班是一

个虚拟平台，它的主要对象为我国的高校教师。易班具有多种功能，主要包括邮箱功能、BBS 功能、博客功能等。易班译自 E—class，它是一个以大学生为范围的大学生实名互动的平台。互动性强、注册率高是易班的主要特点。目前，易班已经渗透到了上海的每一所高校以及职业教育当中，注册易班的实名用户已经高达数十万，并且还在持续上涨。上海易班得到了教育部门的积极鼓励，获得了社会的广泛关注，易班为大学生提供了一个更广阔的沟通和交流平台，在大学生思想政治教育中发挥了重要作用，并有效提高思政教育的实效性。易班为何能取得如此大的成功？这主要在于互联网已经覆盖了几乎全国的高校，这是促进易班发展的其中一个重要原因，而另一方面在于易班本身的内容建设也正在不断完善和发展，这使得更多的大学生开始参与到易班中去，并由此获得了更多的肯定和关注。

易班网络已成为我们进行思想政治教育的先进平台，也是促进高校网络思想政治教育改革创新的主要举措，但如何发挥其应有的作用还值得我们做深入的思考。

（二）运用易班网络进行思想政治教育的背景

当前网络环境下，大学生思想政治教育工作者必须要牢牢把握不断变化着的思想政治教育的主体、客体、内容及目标等要素的性质与特点。

1. 易班网络的功能与特点

易班的主要使用对象是高校的教师与学生，它是一个虚拟的网络社区，主要是为了在社会网络环境下服务、凝聚和教育学生。高校辅导员、学生和教师可以通过易班来进行信息的互动和交流，它具有即时性、隐匿性、开放性、虚拟性、互动性等特点。

2. 网络思政教育的迫切性

我国大学生思想政治教育主要包括五个方面，即政治观教育、法制观教育、人生观教育、世界观教育以及道德观教育。而在当前的网络环境下，这些理论观念无一不受到了强烈的冲击甚至是被抛弃。在多元文化背景下，针对大学生的价值选择，我国高校思想政治教育应快速占领网络阵地培育，全面践行学生社会主义核心价值观。

3. 生存于网络中的学生的特点

在网络环境下，各种社会思潮相互激荡，大学生对此表示十分欢迎，因为这使他们拥有了更多的自由和空间。但是，面对庞大的信息库和各种社会文化思潮的冲击，大学生也会表现出茫然，无所适从。在网络环境下，原有的观念体系被彻底打破，迫切需要对大学生的价值取向进行及时、正确的引导，使其主动向社会主义核心价值观靠拢。

（三）探讨使用易班网络进行思想政治教育的方法与途径

易班是大学生进行交流互动的一个重要平台，它为大学生思想政治教育提供了极大的便利，为大学生思想政治教育工作提供了新的手段、拓展了新的空间。正因如此，教育工作者必须要全力挖掘和发挥易班网络的作用，使其更好地为大学生思想政治教育工作而服务。

1. 以精彩的网页吸引学生

建立精彩的个人主页“软装修”——装饰空间是发挥好易班网络的思想政治教育功能的一个重要方式。在不同的节日里选择不同的装饰空间，这能够使大学身生产生一种耳目一新的感觉，能够增强网页对学生的吸引力，从而进入个人主页，浏览网页信息。教育工作者应重视自己网页内容的丰富多样，应定期或不定期地发布一些教育信息以及有关文章，也可以发布一些时事热点和新闻资讯及其个人见解，与学生们进行讨论，使个人网站不仅具有政治性、理论性，还具有思想性和趣味性。

2. 使用易班班级开展思政课教学高校思想政治

在大学生思想政治教育工作中，理论课教学是其中的一个重要组成部分。教育工作者应从教学实际出发，加强对易班的有效利用，进一步强化对大学生的思想政治教育。

（1）在班级话题栏公布教案。在正式的课堂讲授之前，教师应提前将章节教案在易班上进行公布，并要求学生要在课前了解本课的教学目的、教学内容、教学重点和难点以及教学方法，同时，还要将学生对教案的意见融入易班教学当中，从而提高高校思想政治教育工作的时效性。

（2）利用班级进行讨论。与传统讨论模式不同，易班班级讨论打破了时空的限制，人人都能自由、平等地发表自己的意见和看法。教师在讨论之前，应当紧密地结合教学内容，精心地设计教学话题，从而吸引大学生深入到话题当中进行讨论。

（3）布置、收缴与批改学生作业。通过网络，大学生可以随时随地地搜寻信息，而教师也能够随时随地地批改作业，查阅信息，查看学生的作业完成情况，这极大地简化了教师的教学步骤，提高了教师的工作效率。

3. 使用易班微博关注大学生思想动态

教师应当充分利用易班这一有效平台，全面了解和把握大学生的思想观念、情感状态以及兴趣偏好，从而提高大学生思想政治教育的针对性和有效性。

（1）勤于发现问题。在自由、开放、隐蔽和私密的网络环境中，大学生通常更容易表现自我、展示自我，也更容易表达自己内心真正的情绪和想法。而这更加利于教育工作者了解学生，及时发现学生的学习、生活以及思想心理上存在的问题，并及时解决问题。

（2）善于激发问题。教育工作应当善于利用热点问题激发学生兴趣，形成话题讨论。这样有利于调动学生学习的积极性，同时还能激发学生的讨论热情以及表现自我的欲望。

（3）精于处理问题。大学生思想政治教育工作者应当及时处理学生密切关切的问题，将大学生的共性与个性结合起来，通过讲“大道理”与讲“小道理”相结合的方式对大学生进行思想政治教育。

（4）使用易班博客进行思政教育总结。思想政治工作总结是思想政治教育工作者对工作方法的反思和工作效果的分析，是一种教学经验的积累。教育工作者可以通过易班网了解学生对课程的看法，并进行自我工作的总结和反思，从而不断改进教学方法和教学手段。

参考文献

[1]《马克思恩格斯选集》第 1 ～ 4 卷 [M]. 北京：人民出版社，1995.

[2] 宫承波 . 新媒体概论 [M]. 北京：中国广播电视出版社，2009.

[3] 田智辉 . 新媒体传播 [M]. 北京：中国传媒大学出版社，2008.

[4] 匡文波 . 手机媒体概论 [M]. 北京：中国人民大学出版社，2006.

[5] 麦克卢汉 . 麦克卢汉如是说 [M]. 北京：中国人民大学出版社，2006.

[6] 约翰・杜威 . 民主与教育 [M]. 南京 . 译林出版社，2012.

[7] 张迈曾 . 传播学引论 [M]. 西安：西安交通大学出版社，2002.

[8] 张耀灿，陈万柏 . 思想政治教育学原理 [M]. 北京：高等教育出版社，2001.

[9] 曼纽尔・卡斯特 . 网络社会的崛起 [M]. 北京：社会科学文献出版社，2001.

[10] 郑永廷 . 思想政治教育方法论 [M]. 北京：高等教育出版社，1999.

[11] 白显良 . 隐性思想政治教育基本理论研究 [M]. 北京：人民出版社，2013.

[12] 林刚 . 新媒体概论 [M]. 北京：中国传媒大学出版社，2013.

[13] 洛根 . 理解新媒介 [M]. 上海：复旦大学出版社，2012.

[14] 邱仁富 . 思想政治教育话语论 [M]. 上海：上海交通大学出版社，2013.

[15] 新华社新闻研究所 . 新媒体发展与现代传播体系构建 [M]. 北京：新华出版社，2013.

[16] 常铁 . 新兴媒体影响下的校报革新 [J]. 吉林广播电视大学学报，2010(9).

[17] 侯丽娟 . 微博：高校校园文化建设的新载体 [J]. 文化学刊，2011(6).

[18] 李小娜 . 新兴媒加强党对舆论的引导 [J]. 沧州党校论坛，2012(3).

[19] 蒋支流 . 新媒体环境下大学生思想政治教育的挑战及应对 [J]. 新教育时代，2014(22).

[20] 杨海， 王晓晓 . 新媒体时代大学生心理健康教育工作探究 [J]. 学校党建与思想教育，2015(12).

[21] 吴布林， 刘家梅 . 新媒体在大学生思想政治教育中的应用现状分析 [J]. 江苏高教，2013(6).

[22] 陈慧椅 . 新媒体时代大学生思想政治教育的创新途径探析 [N]. 长春教育学院学报，2015(3).